TAYLOR SWIFT

LINDA, ROMÂNTICA E OUSADA

Diretor editorial: **Luis Matos**
Editora-chefe: **Marcia Batista**
Assistentes editoriais: **Cássio Yamamura, Nathália Fernandes e Raíça Augusto**
Preparação: **Guilherme Summa**
Revisão: **Paula Fazzio**
Revisão técnica: **Silvia Yumi F. K.**
Arte e capa: **Francine C. Silva e Valdinei Gomes**
Foto da capa: **Ethan Miller/Getty Images**

Dados Internacionais de Catalogação na Publicação (CIP)
Angélica Ilacqua CRB-8/7057

T242

Taylor Swift linda, romântica e ousada / elaborado pela equipe Universo dos Livros. – São Paulo: Universo dos Livros, 2013.
200 p. : il.

ISBN: 978-85-7930-610-5

1. Biografia 2. Música pop 3. Swift, Taylor
I. Título

13-0968 CDD 782.42166

Universo dos Livros Editora Ltda.
Rua do Bosque, 1589 – Bloco 2 – Conj. 603/606
CEP 01136-001 – Barra Funda – São Paulo/SP
Telefone/Fax: (11) 3392-3336
www.universodoslivros.com.br
e-mail: editor@universodoslivros.com.br
Siga-nos no Twitter: @univdoslivros

Antonio Felipe Purcino

TAYLOR SWIFT

LINDA, ROMÂNTICA E OUSADA

São Paulo
2013

UNIVERSO DOS LIVROS

ÍNDICE

Larry Busacca/TAS/Getty Images

Taylor cantando para os fãs da sua cidade natal, Nashville.

INTRODUÇÃO

Mais de 26 milhões de álbuns vendidos; 75 milhões de downloads; sete prêmios Grammy, incluindo álbum do ano; onze prêmios no American Music Awards, incluindo artista do ano, por duas vezes; dezoito prêmios no Teen Choice Awards; doze prêmios no Billboard Music Awards e outras 133 premiações; recordes na parada da Billboard, de venda de músicas e de álbuns no iTunes; mais de 70 milhões de seguidores no Twitter e no Facebook; mais de um bilhão de visualizações em seu canal no YouTube.

Os números impressionam e mostram de forma clara o enorme sucesso que esta garota de olhos azuis, nascida na Pensilvânia, Estados Unidos, atingiu em poucos anos de carreira. Com quatro álbuns de estúdio lançados, Taylor Swift é hoje um dos principais nomes da música americana, batendo recordes a cada novo single e lotando arenas e estádios por onde passam suas turnês.

No entanto, a artista não se resume apenas a números. Por trás deles, há uma rica história de talento e obstinação. Desde pequena, Taylor já mostrava sua aptidão para a escrita, tendo inclusive vencido um concurso nacional de poesia quando ainda estava no quinto ano. Influenciada por grandes nomes do country, como Faith Hill, Shania Twain e LeAnn

Rimes, aos poucos foi se aproximando da música, cantando em karaokês e se apresentando em festivais de sua cidade natal.

Seu gosto musical a fez enfrentar momentos difíceis, como o isolamento na escola. Mas Taylor seguiu em frente. Aos quatorze anos, decidida a investir na carreira de cantora e já tendo escrito várias composições, convenceu seus pais a se mudarem para Nashville, a capital do country, onde assinou contrato com a RCA Records. Ávida para lançar seu próprio álbum, acabou deixando a gravadora, que queria que ela interpretasse canções de outros artistas. Até que, em 2005, em uma apresentação no The Bluebird Café, tradicional ponto de Nashville, ela chamou a atenção do executivo Scott Borchetta, que estava prestes a lançar um selo independente, a Big Machine Records. Taylor foi a primeira artista a assinar com a gravadora, onde está até hoje. Com o novo contrato, gravou seu primeiro álbum, *Taylor Swift*. O primeiro grande passo para a glória que se traduz em números surpreendentes, sucesso de público e crítica por todo o mundo.

Taylor escreve praticamente todas as suas músicas, que falam de seus relacionamentos amorosos, de seus amigos, sua família e diversos sentimentos experimentados ao longo de sua vida. Além disso, ela mesma controla as decisões sobre sua carreira, seus álbuns, turnês e contratos. Com uma postura impecável, tornou-se não apenas um ídolo, mas também um exemplo seguido por muitas de suas fãs.

Com *Taylor Swift – Linda, romântica e ousada*, você conhecerá muito mais sobre a história desta garota, que já se consolidou como um dos maiores nomes da música country e pop da atualidade, desde seus primeiros anos na Pensilvânia. O livro também possui informações sobre sua discografia, videografia e turnês, além de curiosidades e detalhes a respeito de sua passagem pelo Brasil, em 2012. Uma obra dedicada aos fãs e a todos que queiram descobrir mais sobre Taylor Swift.

Taylor, essa talentosíssima cantora e compositora, sempre desenha seu número da sorte, o 13, nas mãos antes de seus shows. Nessa foto ela está se apresentando em Hong Kong, China.

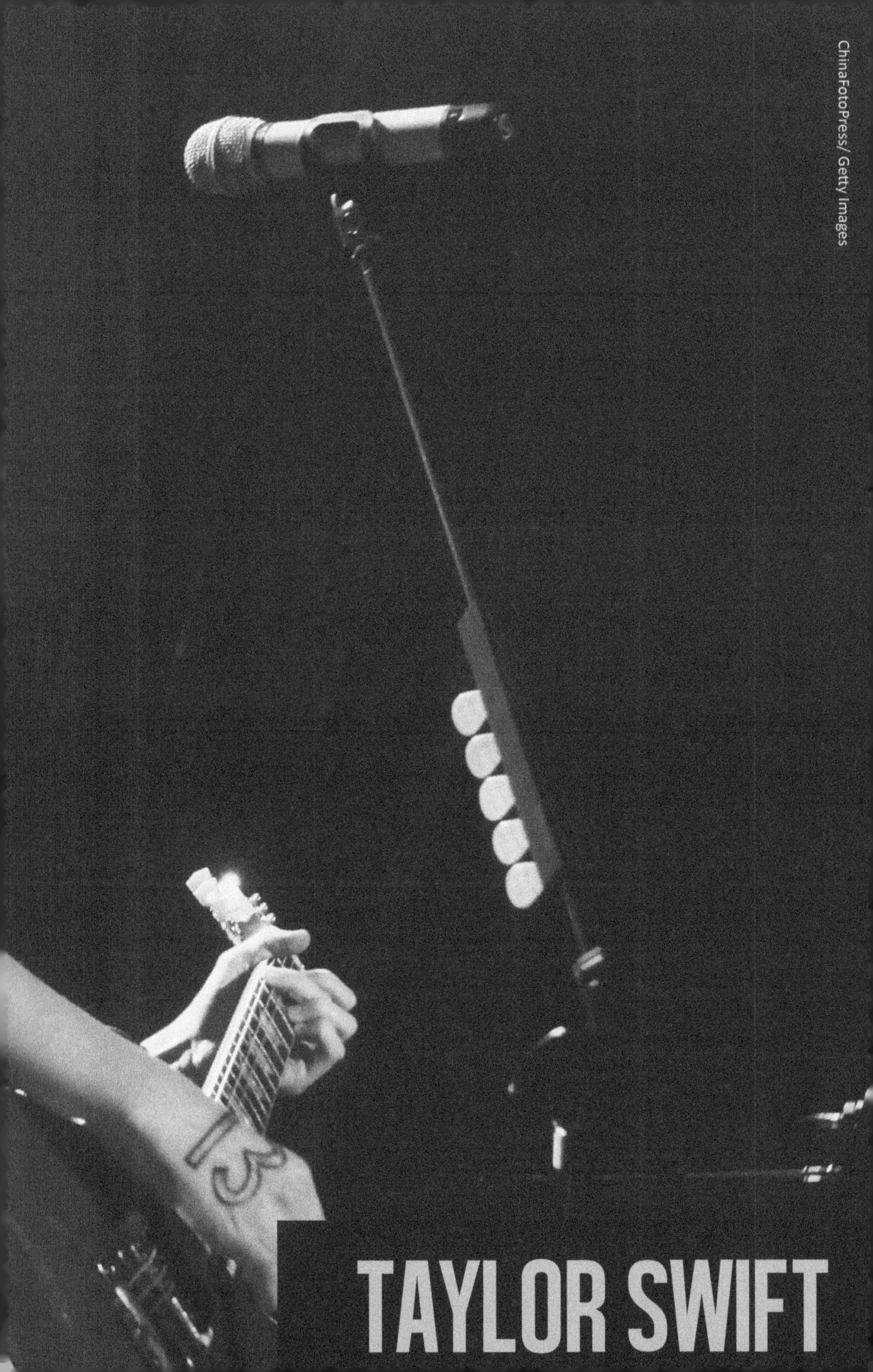

TAYLOR SWIFT

ChinaFotoPress/ Getty Images

HISTÓRIA

A história de Taylor Alison Swift começa antes de seu nascimento. Em 20 de fevereiro de 1988, seus pais, Andrea Gardner Finlay e Scott Kingsley Swift, se uniram em matrimônio na cidade de Harris County, no Texas. Ela, uma dona de casa que trabalhava no fundo mútuo de uma empresa de marketing. Nascida em 10 de janeiro de 1958, antes de viver no Texas, Andrea passou dez anos em Cingapura, já que seu pai, Robert Bruce, foi engenheiro de plataformas de petróleo, tendo trabalhado no Sudeste Asiático. A mãe de Andrea, Marjorie Finlay, era cantora de ópera e participou de peças como *O Barbeiro de Sevilha* e *West Side Story*. Ele, um corretor da bolsa de valores que criou o Swift Group para atuar em consultoria financeira junto à Merrill Lynch. Nascido em 5 de março de 1952, é filho de Archie Dean e Rose Baldi Swift. Cresceu na Pensilvânia e estudou na Universidade de Delaware, onde se formou em 1974. Tem dois irmãos, Archie III e Douglas. Um ano depois de casados, veio a notícia de que Andrea estava grávida. E em 13 de dezembro de 1989, nasce nossa estrela: Taylor Alison Swift.

Taylor nasceu em Reading, uma cidade que fica no estado americano da Pensilvânia, cerca de cem quilômetros da Filadélfia. A ideia de batizar a criança de Taylor surgiu do gosto de Andrea por James Taylor, um grande nome da música country. Além disso, ela apreciava o fato de Taylor ser um nome unissex. Os primeiros anos de cantora se passaram em uma fazenda de cultivo de árvores de natal, de aproximadamente cinco hectares, em Cumru Township, na Pensilvânia. Ela iniciou os estudos na pré-escola e no jardim de infância na Escola Montessori Alvernia, dirigida por freiras franciscanas, e mais tarde foi transferida para a Escola Wyndcroft. Em 11 de março de 1992, nasce Austin Swift, irmão de Taylor.

Quando Taylor tinha nove anos de idade, sua família mudou-se para a cidade de Wyomissing, ainda na Pensilvânia. Lá, passou a estudar na West Reading Elementary Center e, depois, na Wyomissing Area Junior Senior High School. Durante as férias, ela viajava com a família para Stone Harbor, em Nova Jersey, onde tinham uma casa à beira-mar, lugar descrito por ela como "onde a maioria das minhas memórias de infância tomou forma". Na praia, desde cedo, Taylor já dava sinais de que a música logo estaria fazendo parte de sua vida. Ainda bem pequena, ela gostava de cantar e fazia isso a quem quisesse ouvir. Costumava sair andando pela praia cantando para as pessoas.

A família de Taylor tinha vários cavalos e um pônei da raça Shetland. Quando tinha apenas nove meses de idade, sua mãe, Andrea, já a tinha colocado na sela de um pônei, portanto, seu primeiro hobby foi equitação. Ela até chegou a participar de shows de hipismo, mas nada que durasse muito. Aos nove anos, o interesse da menina passou a ser outro: o teatro musical. Nessa época, ela ganhou seu primeiro violão, mas não tocava, por ter dedos pequenos. Focada na atuação, Taylor se apresentou na Berks Youth Theater Academy, para as produções de *Grease*, *Annie*, *Bye Bye Birdie* e *The Sound of Music.* Viajava com frequência para a Broadway a fim de ter aulas de atuação e canto. Durante cerca de dois anos, ela insistiu nesse meio em Nova York, mas não conseguiu nenhum papel importante. Seus interesses mudaram outra vez.

A partir dos onze anos, Taylor começou a se interessar pela música country, com a qual já convivia em sua casa, pois sua mãe Andrea já era fã do estilo há muito tempo. A própria Taylor ganhara um álbum da cantora LeAnn Rimes aos seis anos de idade. Com o gosto pelo country aumentando, ela descobriu novos artistas, como Shania Twain, cujas músicas, segundo Taylor, a fez sentir-se como se quisesse "correr em volta do quarteirão quatro vezes e sonhar acordada com tudo". George Strait, Kenny Chesney, Loretta Lynn, Dolly Parton, e outros artistas passaram a fazer parte de seu repertório musical. A partir de então, Taylor começou a participar de competições de karaokê e festivais de country, além de festas locais, feiras, cafés, clubes de jardinagem, reuniões de escoteiros e eventos esportivos. O que Taylor mais fazia nessa época, além de arriscar o country, era cantar o Hino Nacional dos Estados Unidos. Para ela, essa foi a melhor maneira que encontrou de se apresentar para um grande grupo de pessoas. Onde quer que realizasse uma performance, fosse em clubes de jardinagem ou em jogos, ela cantava o Hino Nacional – e até hoje é um desafio para ela se apresentar sozinha, para centenas, até milhares de pessoas, todas prestando atenção unicamente nela.

Embora tivesse vencido um concurso nacional de poesias, com um poema de três páginas intitulado "Monster in My Closet", Taylor ainda não tinha sucesso com a música. Entretanto, aos onze anos, após muitas tentativas infrutíferas nesse ramo, ela venceu um concurso de talentos local ao interpretar uma canção de LeAnn Rimes, "Big Deal". Por conta disso, ela foi convidada a fazer a abertura para o show de Charlie Daniels, no Anfiteatro Strausstown.

Com doze anos, Taylor seguia se dedicando ao country, cantando e se apresentando localmente. Foi aí que o destino mudou completamente sua vida. Seu computador pifou e um técnico foi até sua casa para consertá-lo. Enquanto ela fazia a lição de casa, o rapaz perguntou se o violão – que ficava largado em um canto – era dela e se ela tocava. Ela respondeu que não.

Então, o técnico se ofereceu para ensinar alguns acordes. Ela aceitou de imediato. A partir daí, o violão passou a ser quase que como uma extensão do próprio corpo de Taylor, que não largava o instrumento. Ficou obcecada em tocar, cantar e compor. A primeira canção de sua autoria chama-se "Lucky You". Várias outras se seguiram, todas descrevendo o que ela sentia na época.

Esses momentos foram significativamente difíceis para Taylor em relação à escola. Enquanto as outras garotas dormiam uma nas casas das outras e assistiam futebol americano, ela estava no palco, apresentando-se em festivais. Seu gosto musical era bem diverso daquele da maioria das colegas, que a deixavam isolada na escola. Às vezes, ela se sentava em uma mesa e todos à sua volta se levantavam dali. Foi então que Taylor decidiu que algo tinha que mudar. E o caminho para a mudança indicava a cidade de Nashville, no Tennessee.

Nashville surgiu na vida de Taylor quando ela assistiu a um programa especial sobre a cantora Faith Hill, que partiu para aquela cidade e lá fez sua carreira. Antes mesmo de aprender a tocar violão, ela já queria viajar para Nashville e ficou um bom tempo insistindo com sua mãe sobre isso. Aos onze, ela finalmente viajou para lá durante as férias da primavera. Levou consigo um CD demo de karaokê com as músicas "There's Your Trouble", de Dixie Chicks, "One Way Ticket", de LeAnn Rimes, "Here You Come Again", de Dolly Parton, e "Hopelessly Devoted to You", de Olivia Newton-John, e o entregou para diversas gravadoras da Music Row, região da cidade que concentra o cenário musical. No começo, ela achava que era só entrar, pedir um contrato e assinar. Mas percebeu com o tempo que não seria assim tão fácil, que na maioria das vezes seus CDs paravam nas lixeiras; além disso, muitos outros artistas buscavam ali a mesma coisa que ela. Foi então que percebeu que precisava ter algo diferente.

Taylor passou a se dedicar ao violão, vivendo com ele o tempo todo. Sua mãe Andrea comentaria mais tarde que via-se obrigada a forçar Taylor a largar o instrumento para que sua filha fizesse outras atividades – alimentar-se, por exemplo. Nashville tornou-se mais palpável na vida da menina. Os pais passaram a levá-la com mais frequência à cidade, sempre para tentar contato com gravadoras. Aos treze anos, ela conseguiu um encontro com a RCA Records, um dos principais selos da indústria musical americana. Ela levou seu violão e tocou cerca de vinte canções. A gravadora então lhe disse: "Nós queremos que você assine um contrato de desenvolvimento". Isso não significava gravar logo de cara um álbum. A ideia era que a RCA patrocinasse e pagasse pelas demos de Taylor ao longo de um ano e observasse seu crescimento como artista. Ao fim desse período de experimentação, eles decidiriam se a contratariam, se o prazo de teste seria estendido ou se ela deixaria a empresa. Não era, de fato, um contrato, mas isso a deixou muito animada:

– Oh, meu Deus, esta gravadora enorme quer que eu assine um contrato de desenvolvimento!

Essa chance foi motivo suficiente para que sua família se mudasse definitivamente para Nashville. O pai Scott transferiu-se para o escritório da Merrill Lynch em Nashville e a família toda foi morar à beira de um lago, em Hendersonville, nas proximidades da capital do country. Taylor também começou em uma nova escola, a Hendersonville High School, onde fazia o ensino médio. No início, foi um sacrifício para a família, mas seus pais sabiam que aquilo não era apenas uma fase, era mais do que um sonho: uma obsessão que Taylor tornaria realidade. Ainda assim, não seria exatamente fácil chegar lá.

Em Nashville, Taylor começou a trabalhar com a RCA e conheceu a compositora Liz Rose, com quem passou a escrever toda terça-feira, por duas horas, depois da escola. Os escritos eram, basicamente, sobre o que havia acontecido na escola naquele dia. Logo depois, foi apresentada ao produtor Nathan Chapman, com quem Taylor gravou demos. Aos quinze anos, ela deu um passo bastante arriscado. A RCA não estava interessada em lançar Taylor como cantora com suas próprias composições antes dos dezoito anos e queria que ela interpretasse outros artistas. Ela, no entanto, já se sentia pronta para lançar seu próprio material. "Eu queria capturar esses anos da minha vida em um álbum quando ainda representava o que eu estava passando", disse. Então ela deixou a RCA e foi tentar a sorte por outros caminhos.

Taylor continuou fazendo apresentações em Nashville e, certo dia, estava realizando um *showcase* no The Bluebird Cafe, espaço em que vários compositores se apresentam todas as noites. Naquele mesmo lugar, estava o produtor Scott Borchetta, da DreamWorks Records. Borchetta estava prestes a lançar seu próprio selo, a Big Machine Records. Neste dia, a apresentação de Taylor lhe chamou a atenção. Ele então decidiu conversar com ela e lhe fez uma proposta: "Eu quero você na minha gravadora e quero que você escreva suas próprias músicas". E continuou... "Eu ainda não tenho uma gravadora, mas quero que você espere". Taylor decidiu esperar por Borchetta e quando a Big Machine enfim saiu do papel, ela assinou com a gravadora, sendo uma das primeiras artistas contratadas do novo selo.

Sem garantia alguma de que aquilo daria certo, ela arriscou e foi em frente com o projeto, gravando seu primeiro álbum, *Taylor Swift*, com composições próprias e algumas com o apoio de Liz Rose, Robert Ellis Orrall e Angelo Petraglia. Assim que assinou, começou a trabalhar no desenvolvimento do disco e depois de experimentar gravar com produtores experientes, fez mais uma aposta de risco: Nathan Chapman, produtor de suas demos. Ela sentia uma química maior com ele e convenceu Borchetta a incluí-lo na produção. Depois de alguns meses, *Taylor Swift* finalmente estava pronto e foi lançado em 24 de outubro de 2006, quando ela tinha apenas 16 anos. O single "Tim McGraw" saiu um pouco antes, em junho. Ela e sua mãe preparavam pessoalmente o material para levar às rádios e pedir que tocassem. Ao longo daquele ano, a

cantora se dedicou à divulgação do álbum e foi recompensada. Na primeira semana, o disco vendeu 39 mil cópias. "Tim McGraw" foi parar no top 10 das paradas country, gerando certa surpresa no mercado, já que muitos empresários do ramo ficaram ressabiados quando viram Borchetta assinar com uma jovem cantora de country, estilo comumente associado a pessoas na faixa dos trinta anos. Taylor, entretanto, atingiu um mercado muito pouco explorado: o de jovens que ouvem música country. Os números de *Taylor Swift* e de seus singles mostraram que a aposta era correta e a crítica somente corroborou a reação do público, destacando a qualidade de Taylor como cantora e compositora. Com o single "Our Song", ela se tornou a cantora mais jovem a alcançar o primeiro lugar na parada country da Billboard.

Seguiu-se ao lançamento do álbum uma incursão por turnês de diversos artistas, nas quais Taylor fazia o show de abertura. Logo, foi atraindo cada vez mais a atenção do público e isso começou a refletir nas premiações. Em 2007, ela foi nomeada artista/compositora do ano pela Nashville Songwriters Association. Também conquistou prêmios de revelação no Country Music Association, no Academy of Country Music Awards e no American Music Awards. Em 2008, recebeu sua primeira indicação ao Grammy, como artista revelação, mas perdeu para Amy Winehouse.

No final de 2007, Taylor lançou seu primeiro EP, *Sounds of The Season: The Taylor Swift Holiday Collection*, disponibilizado para venda nas lojas Target. O extended play, com canções de Natal, algumas escritas por ela e outras regravações, não fez tanto sucesso quanto seu álbum homônimo. Até 2008, ela continuou lançando singles de *Taylor Swift*, todos com muito sucesso. Em junho, apresentou-se no CMA Music Festival, em Nashville, e lá deu autógrafos por aproximadamente oito horas seguidas, a sessão mais longa desde Garth Brooks, que o fez por 23 horas ininterruptas, em 1996. Em julho, lançou mais um EP, *Beautiful Eyes*, oferecendo aos fãs um material inédito

Taylor se apresentando em Las Vegas durante o *iHeartRadio Music Festival* em 2012.

Kevin Mazur/ WireImage

antes de seu novo álbum. Ainda em 2008, conciliando seus estudos (com aulas em casa) com as atividades ligadas à carreira em ascensão, Taylor conseguiu o diploma do ensino médio.

Em 11 de novembro de 2008, Taylor lançou seu segundo álbum de estúdio, *Fearless*, que foi responsável pelo seu estouro no cenário da música não apenas nos Estados Unidos, mas em vários outros países. O primeiro single, "Love Story", é até hoje o mais vendido da cantora e foi o segundo mais vendido de todos os tempos, com um total de 8 milhões de cópias. Entre 2008 e 2009, outros singles foram lançados, todos eles muito bem-sucedidos, principalmente "You Belong With Me", que chegou à segunda posição na parada Billboard Hot 100. *Fearless* foi o álbum mais vendido de 2009.

Esse foi o grande ano da cantora. Sucesso de vendas e sucesso nas paradas, ela ganhou cada vez mais destaque, sendo muito elogiada pela crítica. Para divulgar *Fearless*, embarcou em sua primeira turnê exclusiva, a *Fearless Tour*, que entre 2009 e 2010 realizou mais de cem shows nos Estados Unidos, Oceania, Reino Unido e outros lugares. As diversas premiações também eram um indício do sucesso estrondoso da cantora. No MTV Video Music Awards, tornou-se a primeira artista country a vencer o prêmio de Melhor Vídeo Feminino, por "You Belong With Me". A cerimônia, porém, ficou negativamente marcada por causa do incidente envolvendo o rapper Kanye West, que tirou o microfone das mãos de Taylor durante seu discurso de agradecimento. Em novembro, Taylor se tornou a artista mais jovem a ser nomeada Artista do Ano pela Country Music Association. Ela ainda conquistou prêmios no Teen Choice Awards, no Academy of Country Music Awards, no Billboard Music Awards e, no começo de 2010, quatro Grammys, a maior premiação da indústria fonográfica. Foi a artista mais jovem a receber o prêmio de álbum do ano.

No ano de 2010, Taylor estreou como atriz de cinema no filme *Idas e Vindas do Amor* – ela já tinha feito antes participações em produções como *Hannah Montana: O Filme* e

Jonas Brothers 3D, além de um episódio de *CSI: Crime Scene Investigation*. Em outubro, lançou seu terceiro álbum de estúdio, *Speak Now*, no qual compôs todas as músicas sozinha. Mais uma vez, seu disco foi muito bem recebido pela crítica e pelo público. Neste ano ela ainda recebeu diversos prêmios, como o Grammy de Melhor Canção de Country e Melhor Desempenho Vocal de Country Feminino por "White Horse" e os prêmios de Álbum do Ano e Melhor Álbum Country por *Fearless*. Em 2011, mais uma vez, Taylor saiu em turnê, agora na *Speak Now World Tour*, que percorreu os Estados Unidos, Canadá, Europa, Ásia e Oceania, lotando estádios e arenas. Foi nomeada artista do ano por diversas entidades e premiações, como o American Music e o Country Music Association. E ainda nesse ano, aconteceu a primeira grande ligação da cantora com o Brasil: foi anunciado que seria lançada uma versão da música "Long Live" em parceria com a cantora mineira Paula Fernandes. Em 2011, Taylor também lançou sua primeira fragrância, *Wonderstruck*.

O ano de 2012 foi intenso para Taylor. Ela começou excursionando pela Oceania, na reta final da *Speak Now World Tour*. Fez uma participação na trilha sonora do filme *Jogos Vorazes*, com as canções "Eyes Open" e "Safe & Sound". Conquistou dois Grammy nesse ano: Melhor Canção de Country e Melhor Desempenho Solo de Country, ambos por "Mean". No segundo semestre, ela veio pela primeira vez ao Brasil, para um show promocional no Rio de Janeiro, que reuniu mais de mil pessoas. Na apresentação, ela dividiu o palco com Paula Fernandes durante a música "Long Live" e respondeu às perguntas de fãs que foram autorizados a subir no palco. Pouco tempo depois, lançou o seu quarto álbum de estúdio, *Red*, que registrou ótima vendagem, estreando no topo da Billboard 200. Com o novo trabalho, Taylor se tornou a primeira artista a permanecer por mais de seis semanas no topo da parada da Billboard com três álbuns consecutivos, recorde estabelecido pelos Beatles em 1969. A canção "We Are Never Ever Getting

Back Together" rapidamente estourou, sendo seu primeiro single a alcançar o topo do Billboard Hot 100. Em apenas uma semana, foram vendidas mais de 623 mil cópias nos Estados Unidos, outro recorde.

Em 2013, Taylor está em mais uma turnê, a *Red Tour*, que até o final do ano terá apresentações nos Estados Unidos e na Oceania, podendo visitar outros lugares a partir de 2014. A artista ganhou mais prêmios, como o Billboard Awards, o American Music Awards e o Teen Choice Awards, além do Grammy de Melhor Canção Escrita para Mídia Visual por "Safe & Sound". A música "We Are Never Ever Getting Back Together" foi indicada como Gravação do Ano, mas não venceu. A cantora já está compondo seu quinto álbum, que ainda não tem data para ser lançado.

MAIS DE TAYLOR SWIFT

Influências artísticas

A música e a escrita fazem parte da vida de Taylor desde muito pequena. A avó da cantora, Marjorie Finlay, era cantora de ópera, tendo se apresentado em Porto Rico e no Sudeste Asiático. Em casa, ouvia artistas como James Taylor, Simon & Garfunkel e Def Leppard, principalmente por causa de sua mãe, que também contribuiu para sua paixão pela escrita e por histórias. Ela sempre gostou muito de ler e de escrever poesias. No country, conheceu nomes como Shania Twain, LeAnn Rimes, Faith Hill, Dixie Chicks, Loretta Lynn, Dolly Parton, George Strait, Garth Brooks, Tim McGraw, Alan Jackson, Brad Paisley, Ryan Adams, entre muitos outros, que influenciaram bastante seu estilo. Na adolescência, curtia Hanson, Britney Spears, Pink, Fall Out Boy, Avril Lavigne, Kelly Clarkson e Alanis Morissette, para citar alguns. Era fã de hip hop, especialmente Eminem, por causa de sua forma de rimar. Entre outras de suas inspirações, estão Stevie Nicks, "um herói que me inspirou de muitas maneiras", diz Taylor; Tom Petty, Sarah McLachlan, Linda Ronstadt e The Beach Boys. Como modelos de carreira, ela cita Paul McCartney, Bruce Springsteen, Emmylou Harris,

Kris Kristofferson e Carly Simon, que, segundo ela, "têm sido o mesmo artista por toda a carreira".

Estilo pessoal

Taylor toma especial cuidado com a maneira como age, ainda mais por ser um verdadeiro exemplo para muitas garotas de todo o mundo: bonita, inteligente, educada, ela procura evitar polêmicas, optando por um estilo de boa moça. Tem uma maneira própria de lidar com os fãs, mantendo sempre contato próximo com eles, de forma pessoal, por meio das redes sociais, nos shows, hotéis e aeroportos. Apesar de ser uma estrela da música, tem um desprendimento que não é visto em outros grandes nomes da indústria. Nas entrevistas, trata os repórteres de maneira cortês, sempre sorrindo e agradecendo aos elogios de forma bem espontânea.

Melhores amigas

A melhor amiga de Taylor é Abigail Anderson. Conheceram-se quando a cantora tinha quinze anos e estudavam juntas na Hendersonville High School, sentando-se próximas uma da outra na aula de inglês. "Ela queria ser nadadora e ganhar uma bolsa de estudos de natação e eu queria ser cantora. Agora ela está no Kansas com uma bolsa de estudos de natação e eu estou cantando", disse Taylor em uma entrevista para Oprah Winfrey. Abigail apareceu em três de seus videoclipes: "Picture to Burn", "Teardrops on My Guitar" e "Fifteen", música que Taylor dedicou especialmente à amiga. Atualmente, Anderson estuda na Universidade do Kansas.

Além de Abigail, há o "quarteto de *22*", que são as amigas para quem a cantora dedicou a música "22", do álbum *Red*. As cinco participaram de festas juntas e uma delas serviu de inspiração para a canção. As amigas são: Ashley Avignone, designer, vive em Nashville; Claire Kislinger, que trabalha como designer de joias; Dianna Agron, atriz e cantora, conhecida pelo papel de Quinn Fabray na série *Glee* (Taylor e ela são amigas há um bom tempo, frequentando festas e restaurantes juntas) e Selena Gomez, famosa cantora pop americana. Selena e Taylor conheceram-se durante um show dos Jonas Brothers e, depois disso, não se desgrudaram mais. Certa vez, ela disse que Selena é praticamente uma "irmã postiça". Elas já cantaram juntas em um show de Taylor no Madison Square Garden, durante a *Speak Now World Tour*, e estiveram em diversos eventos. Em agosto de 2013, Selena se referiu a Taylor como "uma das pessoas mais incríveis e doces do mundo".

Outras de suas grandes amigas são as cantoras Carrie Underwood, Colbie Caillat, Demi Lovato, Hayley Williams, Katy Perry, Kellie Pickler, Miley Cyrus, Nicki Minaj e as atrizes Emma Stone e Gwyneth Paltrow.

O número 13

Se para alguns o número 13 é relacionado ao azar, para Taylor Swift é significado de sorte. De acordo com ela, o número vem lhe acompanhando sempre em bons momentos de sua vida. "Não é somente o dia em que nasci, 13 de dezembro de 1989. Com o passar dos anos, tornou-se algo maior. Fiz 13 anos numa sexta-feira 13. O meu primeiro álbum conquistou ouro em 13 semanas. O meu primeiro single tem uma intro de 13 segundos. Cada vez que ganho um prêmio, estou sentada no 13º lugar, na 13ª fila, no 13º setor ou no corredor M, que é a 13ª letra do alfabeto". Em cada show, Taylor pinta o número 13 em sua mão. O número também a acompanha em seu Twitter, @taylorswift13. Diz-se também que 13 é uma referência ao álbum *Fearless*, que tem treze canções, pois seriam as treze músicas que mudaram sua vida – o disco projetou a cantora mundialmente.

Austin Swift

O irmão de Taylor, dois anos e meio mais novo que ela, frequentou a Universidade de Notre Dame entre 2010 e 2011, sendo depois transferido para a Universidade Vanderbilt e, por fim, retornando a Notre Dame. Ele foi visto algumas vezes em vídeos caseiros com Taylor. Ela faz referência ao irmão na música "The Best Day", quando canta "Deus sorri para meu irmão menor/ Por dentro e por fora, ele é melhor que eu". Austin trabalha como fotógrafo freelancer para a empresa Getty Images.

Pets

Taylor teve dois cães e dois gatos: os bichanos Indy e Eliehsen, mistura de siamês com malhado, e os dobermanns Bug e Baby. Atualmente, ela tem apenas uma gatinha, Meredith, da raça Scottish Fold. O nome foi inspirado em Meredith Grey, personagem da série *Grey's Anatomy*, que Taylor ama. Quando anunciou aos fãs seu novo pet, ela disse: "Ela [Meredith] é incrível. É daqueles gatos que fazem os gatos ficarem bem na fita. Ela não se esconde debaixo dos móveis e fica estranha diante das pessoas. Ela é realmente amigável e divertida e é perfeita para viagens porque ela nem sempre se assusta. Então, eu estou satisfeita que ela tem uma personalidade legal".

Curiosidades

- O primeiro beijo de Taylor foi aos quinze anos.
- Taylor diz que gostaria de ter dez filhos, "um exército de crianças".
- Taylor se interessa por ler e aprender sobre problemas médicos estranhos.
- A ideia de escrever a música "Tim McGraw" surgiu durante uma aula de matemática.
- Uma de suas paixões é cozinhar. Ela já pensou até em lançar um livro com suas experiências culinárias.
- Seus seriados favoritos são *CSI*, *Grey's Anatomy* e *Law & Order*.

- Se pudesse ter um superpoder, Taylor gostaria de ser capaz de olhar para alguém e saber instantaneamente seu nome, origem, língua e pensamentos.
- Suco de uva é algo que não pode faltar em sua geladeira.
- Roxo é a sua cor favorita.
- *Cinderela* e *O Rei Leão* eram os seus filmes favoritos quando criança.
- Taylor é fascinada por antiquários e por fotos em preto e branco.
- Há uma estátua de Taylor Swift no museu de cera de Madame Tussauds.

Quiz

Em agosto de 2013, Taylor respondeu a algumas perguntas rápidas sobre diversos assuntos para o site da revista americana *Marie Claire*:

- **Vaidade:** batons vermelhos e gloss; lentes de contato diárias; lavar o rosto; passar hidratante; cuidar da minha gata; e minha nova fragrância, *Taylor*.
- **Pés:** Keds vermelhos e unhas vermelhas.
- **Cabeceira:** Meus óculos.
- **Plano de exercícios:** Corrida, caminhada, pular no trampolim, flexões.
- **Playlist:** Música dos anos 40, 50, 60, como "Just One Look", de Dorus Troy, e "Wouldn't It Be Nice", dos Beach Boys.
- **Instituições de caridade que você ajuda:** Qualquer uma que tenha a ver com o levantamento de fundos de escolas para programas musicais, câncer infantil e catástrofes.
- **Paredes do seu cômodo preferido em sua casa**: Todas as minhas paredes são cobertas com fotos dos meus amigos.

- **Twitter:** Atualizações sobre minha gata e minha carreira; uma mensagem lírica enigmática ocasional; e observações alegres aleatórias.
- **Lista de desejos:** Satisfação, uma bicicleta cor verde-menta e os ingredientes para preparar Shirley Temples [um coquetel não alcoólico].
- **Lista de desprezos:** Ex-namorados.
- **Menu:** Comida japonesa, chinesa e serviço de quarto.
- **Coisas para fazer antes de morrer:** Obter um diploma universitário... de alguma maneira.
- **Mural no Pinterest:** Receitas, exercícios, ideias de decoração. E, ok, muitas citações do tipo: "Acredite em si mesmo".
- **Proteção de tela:** Uma foto das minhas amigas Lena, Ashley e Jessica com a minha banda e dançarinos da turnê amontoados antes de um dos meus shows em Nova York. Meu irmão que tirou a foto.
- **Top 5 Medos:** 1) Ouriços do mar. 2) Me pesquisar no Google. 3) Lacraias. 4) Pessoas cínicas. 5) Ser presa.
- **Lista ideal de convidados para um jantar:** Will Ferrell, Conan O'Brien e Ina Garten (ela poderia me ajudar a cozinhar também!).
- **Lista dos maiores arrependimentos:** Todos os meus arrependimentos renderam uma música da qual me orgulho.
- **Lista de citações para guiar a vida:** "Por que você não me disse que 'se a menina valesse a pena, ela teria esperado por você?'; Não, senhor, a menina que realmente vale a pena ter não aguardará por alguém". – F. Scott Fitzgerald, em *Este lado do paraíso*.
- **Lápide, se você pudesse escrever nela:** "O amor é um jogo cruel a não ser que você jogue bem e certo".

Taylor nas redes sociais

- **Twitter:** @taylorswift13
- **Facebook:** /TaylorSwift
- **Youtube:** /taylorswift e /taylorswiftvevo
- **Instagram:** /taylorswift
- **Site oficial:** http://www.taylorswift.com

Christopher Polk/AMA2011/ Getty Images

As cantoras e amigas Taylor Swift, Selena Gomez e Katy Perry em 2011 no American Music Awards, em Los Angeles.

TAYLOR POR TAYLOR

Autobiografia de Taylor que está em seu site oficial:

Oi, eu sou Taylor. Amo o número 13. Nasci em dezembro em uma fazenda de árvores de natal, e gosto de imaginar como seria a vida centenas de anos atrás. Tenho a visão embaçada. Minha distração favorita é escrever sobre a vida, especificamente sobre as partes da vida que dizem respeito ao amor. Porque, até onde eu sei, o amor é absolutamente tudo.

Eu sou facilmente animada, emocionada, assustada e chocada. Tenho 23 anos agora, mas nunca deixei de pular quando algo maravilhoso acontece. Meu maior medo é ter más notícias, ou deixar alguém para baixo. Eu realmente amo mostrar às pessoas o que quis dizer quando escrevi uma música, então meus shows são muito teatrais. Bato na madeira constantemente. Eu tenho uma gata chamada Meredith. O nome veio da minha personagem favorita em Grey's Anatomy, *e ela é fantástica. Eu vivo em Nashville, um lugar mágico onde 99% das pessoas são amigáveis, os motoristas são educados e não buzinam para você.*

Eu entro em transe em um antiquário. Não gosto quando algo ou alguém acaba por ser diferente do que eu pensava inicialmente. Como quando você está no shopping e encontra um vestido muito bonito, mas percebe que na verdade era um estranho macacão. Mas a maioria não gosta quando isso acontece com as pessoas. Amo meus amigos e estou sempre fazendo novas amizades. Eu realmente acho que você jamais pode parar de fazer novos amigos ou aprender sobre o máximo de coisas novas possíveis. Eu também acho que você não deve levar a vida tão a sério a ponto de se esquecer de brincar.

A música tem me levado a todo o mundo, mas os fãs são a razão para isso ser tão mágico. Eu estou encantada com o quanto eles são bons para mim. É estranho se sentir assim entendida por tantas pessoas, mas eu amo isso. Nos últimos dois anos, estive trabalhando em um álbum chamado Red. *Eu coloquei esse nome por causa das tumultuadas e loucas aventuras no amor e perdas que ele narra. Na minha mente, quando você experimenta o amor que é rápido e fora de controle e mistura paixão, ciúme, frustração, falta de comunicação e todas aquelas adoráveis emoções, enfim... tudo parece vermelho.*

Mal posso esperar para tantas coisas. Mas, principalmente, mal posso esperar para te ver, seja em uma multidão ou em um café. Obrigado por ouvir, mostrar-se, ler e cuidar tão bem de mim.

Taylor

DISCOGRAFIA

Larry Busacca/ TAS/ Getty Images

Taylor no ultimo show da turnê *Red* na América do Norte, usando uma camiseta do *Country Music Hall of Fame* em Nashville.

TAYLOR SWIFT

Lançamento: 24 de outubro de 2006

Gravadora: Big Machine

Produção: Scott Borchetta, Nathan Chapman, Robert Ellis Orrall e Angelo Petraglia

Nº	Título	Compositor(es)	Duração
1	Tim McGraw	Taylor Swift, Liz Rose	3:52
2	Picture to Burn	Taylor Swift, Liz Rose	2:53
3	Teardrops On My Guitar	Taylor Swift, Liz Rose	3:23
4	A Place In This World	Taylor Swift, Robert Ellis Orrall, Angelo Petraglia	3:19
5	Cold As You	Taylor Swift, Liz Rose	3:59
6	The Outside	Taylor Swift	3:27
7	Tied Together With a Smile	Taylor Swift, Liz Rose	4:08
8	Stay Beautiful	Taylor Swift, Liz Rose	3:56
9	Should've Said No	Taylor Swift	4:02
10	Mary's Song (Oh My My My)	Taylor Swift, Liz Rose, Brian Dean Maher	3:33
11	Our Song	Taylor Swift	3:21

Edição Deluxe

12	I'm Only Me When I'm with You	Taylor Swift, Robert Ellis Orrall, Angelo Petraglia	3:33
13	Invisible	Taylor Swift, Robert Ellis Orrall	3:23
14	A Perfectly Good Heart	Taylor Swift, Brett James, Troy Verges	3:40
15	Teardrops On My Guitar (Pop Version)	Taylor Swift, Liz Rose	2:59

Taylor começou a desenvolver seu álbum de estreia em 2006, ano em que assinou contrato com a gravadora Big Machine. Tinha dezesseis anos e estava cursando o primeiro ano do ensino médio na escola, o que influenciou a composição da maioria das canções do álbum. Ela descreve *Taylor Swift* como o "diário do início da adolescência". As músicas foram escritas "em tempo real", ou seja, enquanto Taylor vivia cada uma das experiências descritas em suas letras. Quanto às inspirações para suas músicas, ela disse:

> *Você ouve o meu álbum e pensa que eu tive 500 namorados. Mas não é bem assim. Descobri que você não tem que namorar com uma pessoa para compor canções sobre ela. Eu estava passando por um momento muito difícil na escola e enfrentando uma série de rejeições dos meus namorados. Acho que estive sozinha em boa parte do tempo, meio que do lado de fora, assistindo às discussões e ouvindo as coisas que eles diziam um ao outro. Eles de fato não falavam comigo. No processo que enfrentei para chegar a essa conclusão, comecei a desenvolver, nesse sentido, um aguçado senso de observação – de observar as pessoas e ver o que elas estão fazendo. A partir daí, eu me tornei capaz de compor músicas sobre relacionamentos mesmo tendo apenas treze anos e não tendo vivenciado eles.*

As gravações de *Taylor Swift* duraram quatro meses. Taylor decidiu trabalhar com o produtor musical Nathan Chapman, com quem realizou seu álbum demo. Antes de chegar a Chapman, tentou trabalhar com diversos produtores de Nashville. No entanto, optou por ele em razão do trabalho único que realizou em suas músicas. A Big Machine estava com um pé atrás com ele, já que Chapman nunca tinha produzido um álbum de estúdio antes, somente demos. Taylor insistiu, alegando que havia uma química consistente entre eles. Por fim, a gravadora aceitou e Chapman produziu dez das onze faixas do álbum.

Cinco singles foram lançados para promover *Taylor Swift*:

- **Tim McGraw** foi o primeiro single do álbum, lançado em 19 de junho de 2006. A música foi bem recebida pela crítica e teve bom desempenho nas paradas, atingindo a 40ª colocação no Billboard Hot 100 e a 6ª posição no Hot Country Songs. "Tim McGraw" recebeu um disco de platina da RIAA (Recording Industry Association of America) pelas vendas acima de um milhão de cópias no mercado dos Estados Unidos.
- **Teardrops On My Guitar** foi lançada em 19 de fevereiro de 2007 como segundo single. Também com êxito comercial e de crítica, a canção alcançou a 13ª colocação no Billboard Hot 100 e vendeu mais de 2,7 milhões de cópias nos Estados Unidos, recebendo assim um disco duplo de platina da RIAA.
- **Our Song** foi o terceiro single de *Taylor Swift*, sendo lançado em 9 de setembro de 2007. Com ótima repercussão na crítica, repetiu o bom desempenho nas paradas americanas, chegando à 16ª posição no Billboard Hot 100 e foi o primeiro single de Taylor a atingir o topo da Hot Country Songs. Com mais de 3 milhões de cópias vendidas, "Our Song" conquistou disco de platina triplo e é o terceiro single mais vendido de Taylor nos Estados Unidos.

- **Picture to Burn** teve seu lançamento em 29 de janeiro de 2008 e foi o quarto single consecutivo de Taylor a entrar no Top 10 da Hot Country Songs dos Estados Unidos. No Billboard Hot 100, chegou à 28ª posição. Com cerca de 1,5 milhão de cópias vendidas, conquistou disco de platina.
- **Should've Said No** foi o quinto e último single do álbum, lançado em 18 de maio de 2008. Chegou ao topo da Hot Country Songs e à 33ª colocação no Billboard Hot 100, tendo recebido disco de platina pelas vendas de mais de 1,3 milhão de cópias.

Taylor Swift foi lançado em 24 de outubro de 2006 e teve recepção positiva da crítica especializada, que destacou a ótima voz de Taylor, bem como suas composições, "profundamente pessoais e interpretadas com plena convicção", conforme destacou o crítico Rick Bell, do *Country Standard Time*. Nas paradas americanas, o álbum chegou à 5ª posição no Billboard 200 e ao primeiro lugar no *Billboard Country Albums*, onde permaneceu por 24 semanas não consecutivas. A liderança do disco na parada country foi interrompida pelo EP *Beautiful Eyes*, também lançado por Taylor. Com o EP no topo da lista e o álbum de estreia na vice-liderança, ela foi a primeira artista a ocupar simultaneamente as duas primeiras posições do Billboard Country Albums, o que não acontecia desde 1997, com LeAnn Rimes.

Entre 2006 e 2008, foram vendidas cerca de três milhões de cópias, o que fez com que *Taylor Swift* figurasse entre os dez mais vendidos de 2007 e 2008, em 9° e 6° lugar, respectivamente. O álbum já vendeu mais de 5,5 milhões de cópias em todo o mundo. Nos Estados Unidos, recebeu cinco discos de platina da RIAA e, até janeiro de 2012, esteve presente em 272 edições da Billboard 200, a mais longa permanência de um lançamento musical registrada na década de 2000.

SOBRE AS MÚSICAS

"**Tim McGraw**", primeira faixa do álbum, fala sobre o relacionamento entre Taylor e um jovem chamado Brandon Borello, com quem estudou e namorou durante o primeiro ano do ensino médio. Os dois teriam que se separar, já que Borello estava prestes a ir para a faculdade. Taylor então listou coisas que fariam com que ele se lembrasse dela e uma delas é a canção "Can't Tell Me Nothin'", do cantor Tim McGraw, o que inspirou o título da música. "**Picture to Burn**" descreve uma garota furiosa após o término de seu relacionamento e com planos de vingança. Taylor disse que a música é, ao mesmo tempo, sobre ser "simplesmente má" e "completa e brutalmente honesta".

"**Teardrops On My Guitar**" foi escrita por Taylor quando ainda estava no primeiro ano do ensino médio. A música fala sobre Drew Hardwick, um colega de classe por quem era secretamente apaixonada. Eles estudavam juntos, sentavam-se próximos um do outro e se tornaram amigos. Então, Taylor apaixonou-se por Drew, que não sabia disso e pedia a ela conselhos amorosos. Durante o tempo em que estudaram juntos, Drew namorou outra garota e Taylor nunca confessou o que sentia por ele. O rapaz nunca soube da paixão secreta, até o lançamento do disco. Dois anos após a estreia do álbum, Taylor estava saindo de casa para assistir a um jogo de hóquei, quando foi surpreendida com a chegada de Drew em sua garagem, provavelmente pensando que ela ainda sentia algo por ele, o que já não estava acontecendo.

"**A Place In This World**" foi composta por Taylor quando ela tinha treze anos e teve que se mudar para Nashville. "**Cold As You**" fala sobre aquele momento em que você percebe que a pessoa não era quem você achava que fosse. Foi escrita por Taylor em parceria com Liz Rose. Taylor escreveu "**The Outside**" quando tinha doze anos. Na música, fala sobre a solidão que sentiu enquanto se dedicava à música country, ao contrário das outras garotas. "**Tied Together With a Smile**" foi composta depois que Taylor descobriu que uma de suas amigas tinha bulimia, o que a chocou. A canção fala de uma bela garota passando por momentos difíceis internamente. Já "**Stay Beautiful**" fala sobre Cory Robertson, um cara que ela achava lindo, mas com quem nunca tinha conversado muito. Ela apenas o observou e escreveu sobre ele.

"**Should've Said No**" foi incluída meio que às pressas no álbum. Taylor começou a escrevê-la dois dias antes do programado para a masterização do álbum e impressão das capas. A música foi composta depois que ela descobriu que seu namorado daquela época, Sam Armstrong, a traiu. "**Mary's Song (Oh My My My)**" fala sobre um casal vizinho de onde ela morava. Eles se conheceram quando eram crianças e estavam casados há muitos anos. Taylor gostou muito da história e escreveu sobre ela. "**Our Song**" é mais uma sobre Brandon Borello. A música foi escrita por ela para um concurso de talentos do tempo do ensino médio. É a canção que encerra o álbum por causa dos versos "play it again" (toque de novo), como se pedisse ao seu público que ouvisse o disco novamente.

Em "**I'm Only Me When I'm With You**", Taylor fala sobre ser apenas ela mesma quando está com alguém que ama. "**Invisible**" descreve a solidão e a mágoa sofridas pelo coração ao se passar despercebido. Por fim, "**A Perfectly Good Heart**" fala da experiência de ter o "coração partido".

MENSAGENS DAS MÚSICAS

As mensagens estão nas letras de cada música, no encarte do álbum. Em cada música, há letras destacadas que formam uma mensagem:

Tim McGraw – *Can't Tell Me Nothin'* (não me diz nada)

Picture to Burn – *Date Nice Boys* (namore bons garotos)

Teardrops On My Guitar – *He Will Never Know* (ele nunca vai saber)

A Place In This World – *I Found It* (eu encontrei)

Cold As You – *Time to let go* (hora de deixar para trás)

The Outside – *You Are Not Alone* (você não está sozinho)

Tied Together With a Smile – *You Are Loved* (você é amado)

Stay Beautiful – *Shake 'N' Bake* (dance e cozinhe)

Should've Said No – *Sam Sam Sam* (referência a Sam Armstrong)

Mary's Song (Oh My My My) – *Sometimes Love Is Forever* (às vezes, o amor é para sempre)

Our Song – *Live in Love* (viva apaixonado)

CURIOSIDADES

- Taylor participou do processo de criação do encarte do álbum e fez alguns rabiscos de gráficos.
- A versão deluxe do álbum traz, além de três faixas inéditas, versões para o rádio de "Teardrops On My Guitar" e "Our Song", além da primeira conversa por telefone entre Taylor e Tim McGraw.
- Após o lançamento do álbum, Taylor e a mãe iam juntas às rádios de Nashville para divulgar o disco.
- Sua primeira performance na TV foi da canção "Tim McGraw", no programa *Good Morning America*, em 24 de outubro de 2006.

SOUNDS OF THE SEASON: THE TAYLOR SWIFT HOLIDAY COLLECTION

Lançamento: 14 de outubro de 2007
Gravadora: Big Machine
Produção: Scott Borchetta, Nathan Chapman, Shelli Hill e Sue Patterson

Nº	Título	Compositor(es)	Duração
1	Last Christmas	George Michael	3:30
2	Christmases When You Were Mine	Taylor Swift, Liz Rose, Nathan Chapman	3:06
3	Santa Baby	Joan Javits, Philip Springer, Tony Springer	2:41
4	Silent Night	Josef Mohr, Franz Xaver Gruber	3:32
5	Christmas Must Be Something More	Taylor Swift	3:54
6	White Christmas	Irving Berlin	2:34

Sounds of The Season: The Taylor Swift Holiday Collection é o primeiro *extended play* (EP) de Taylor Swift. Lançado em 14 de outubro de 2007 pela Big Machine, inicialmente foi distribuído para venda apenas nas lojas de varejo Target, dos Estados Unidos, para a temporada de final de ano de 2007. Em 2008, no entanto, foi relançado para venda em lojas digitais, como iTunes e Amazon.

O álbum teve boa repercussão da crítica especializada e também êxito comercial, estreando em 88º lugar na Billboard 200, onde chegaria à 20ª posição em dezembro de 2009. Já no Top Country Albums da Billboard, atingiu a 14ª colocação, além do topo das paradas de álbuns natalinos. Com mais de 900 mil cópias vendidas, conquistou o disco de ouro da RIAA nos Estados Unidos.

Todas as músicas do EP têm temática natalina, sendo quatro regravações e duas canções originais, todas em ritmo country. A faixa de abertura é uma reinterpretação de "Last Christmas", gravada originalmente pela dupla britânica Wham!, em 1984. "Santa Baby" é um cover de Eartha Kitt, gravado originalmente em 1953, enquanto "Silent Night" é uma tradicional cantiga de natal. A faixa que encerra o álbum, "White Christimas", foi gravada originalmente por Bing Crosby em 1942. As canções originais do EP são "Christmases When You Were Mine", que fala de um natal triste pelo qual Taylor passou, e "Christmas Must Be Something More", em que a cantora fala sobre a razão da celebração do Natal, o nascimento de Jesus Cristo.

CURIOSIDADES

- Para promover o disco, Taylor apresentou-se no Rockefeller Center, em Nova York, em 28 de novembro de 2007, cantando "Silent Night". A performance foi transmitida pelo *Today Show*, da NBC. Na ocasião, Taylor tocou com uma guitarra acústica cravejada de diamantes artificiais.
- A capa do EP foi retirada do vídeo musical de "Teardrops On My Guitar".

BEAUTIFUL EYES

Lançamento: 15 de julho de 2008
Gravadora: Big Machine
Produção: Scott Borchetta, Nathan Chapman e Robert Ellis Orrall

Nº	Título	Compositor(es)	Duração
1	Beautiful Eyes	Taylor Swift	2:58
2	Should've Said No (versão alternativa)	Taylor Swift	3:46
3	Teardrops On My Guitar (versão acústica)	Taylor Swift, Liz Rose	2:58
4	Picture to Burn (versão para radio)	Taylor Swift, Liz Rose	2:54
5	I'm Only Me When I'm With You	Taylor Swift, Robert Ellis Orrall, Angelo Petraglia	3:35
6	I Heart?	Taylor Swift	3:15

Beautiful Eyes é o segundo *extended play* de Taylor Swift e foi lançado em 15 de julho de 2008, pouco antes de sair seu segundo álbum de estúdio, *Fearless*. Após o sucesso de

Taylor Swift, a cantora começou a trabalhar em seu novo álbum. Durante esse tempo, ela recebeu muitas mensagens de fãs pedindo que fosse lançado um novo material. Ela decidiu então liberar esse EP, para presentear seus fãs com algo inédito até que *Fearless* estivesse concluído. Para evitar que o EP fosse confundido com seu novo álbum, *Beautiful Eyes* foi lançado apenas nas lojas da rede americana Wal-Mart, bem como no site da cantora, esquema parecido com o adotado para o lançamento de seu EP natalino.

O novo disco de Taylor possui quatro faixas de seu álbum de estreia: uma versão alternativa de "Should've Said No", uma versão acústica de "Teardrops On My Guitar", uma versão para rádio de "Picture to Burn", além de "I'm Only Me When I'm With You". Há também duas músicas inéditas: "Beautiful Eyes" e "I Heart?".

O EP teve ótimo desempenho nas paradas americanas, chegando a figurar em 9º lugar na Billboard 200 e atingindo o topo do Top Country Albums em agosto de 2008, superando o próprio álbum de estreia da cantora, que ficou em segundo lugar. Somente nos Estados Unidos, já foram vendidas mais de 300 mil cópias de *Beautiful Eyes*.

CURIOSIDADE

Com o EP, foi lançado também um DVD contendo os videoclipes das músicas "Beautiful Eyes", "Picture to Burn", "I'm Only Me When I'm With You", "Tim McGraw", "Teardrops on My Guitar" e "Our Song", além do making of de "Picture to Burn", uma entrevista de Taylor para o *GAC New Artist* e uma performance ao vivo de "Should've Said No" no ACM Awards 2008.

FEARLESS

Lançamento: 11 de novembro de 2008
Gravadora: Big Machine
Produção: Scott Borchetta, Nathan Chapman e Taylor Swift

VERSÃO PADRÃO

Nº	Título	Compositor(es)	Duração
1	Fearless	Taylor Swift, Liz Rose, Hillary Lindsey	4:03
2	Fifteen	Taylor Swift	4:55
3	Love Story	Taylor Swift	3:56
4	Hey Stephen	Taylor Swift	4:16
5	White Horse	Taylor Swift, Liz Rose	3:55
6	You Belong With Me	Taylor Swift, Liz Rose	3:52
7	Breathe (feat. Colbie Caillat)	Taylor Swift, Colbie Caillat	4:25
8	Tell Me Why	Taylor Swift, Liz Rose	3:21
9	You're Not Sorry	Taylor Swift	4:23
10	The Way I Loved You	Taylor Swift, John Rich	4:05
11	Forever & Always	Taylor Swift	3:46

12	The Best Day	Taylor Swift	4:06
13	Change	Taylor Swift	4:42

PLATINUM EDITION

1	Jump Then Fall	Taylor Swift	3:59
2	Untouchable	Taylor Swift, Cary Barlowe, Nathan Barlowe, Tommy Lee James	5:12
3	Forever & Always(versão piano)	Taylor Swift	3:46
4	Come In With the Rain	Taylor Swift, Liz Rose	3:58
5	Superstar	Taylor Swift, Liz Rose	4:22
6	The Other Side of the Door	Taylor Swift	3:58
7	Fearless	Taylor Swift, Liz Rose, Hillary Lindsey	4:03
8	Fifteen	Taylor Swift	4:55
9	Love Story	Taylor Swift	3:56
10	Hey Stephen	Taylor Swift	4:16
11	White Horse	Taylor Swift, Liz Rose	3:55
12	You Belong With Me	Taylor Swift, Liz Rose	3:52
13	Breathe (feat. Colbie Caillat)	Taylor Swift, Colbie Caillat	4:25
14	Tell Me Why	Taylor Swift, Liz Rose	3:21
15	You're Not Sorry	Taylor Swift	4:23
16	The Way I Loved You	Taylor Swift, John Rich	4:05
17	Forever & Always	Taylor Swift	3:46
18	The Best Day	Taylor Swift	4:06
19	Change	Taylor Swift	4:42

O segundo álbum de estúdio de Taylor Swift, *Fearless*, começou a ser pensado ainda em 2006, porém só se tornou realidade em 11 de novembro de 2008 e foi o trabalho que a projetou para o estrelato no mercado da música, nos Estados Unidos e em todo o mundo.

As gravações ocorreram entre 2007 e 2008. Ao longo desse período, Taylor escreveu dezenas de músicas, várias delas enquanto estava na estrada, divulgando seu disco de estreia em shows de grandes artistas, como Rascal Flatts e George Strait. Quando já tinha mais de 75 músicas, ela começou a selecionar com Nathan Chapman aquelas que constituiriam seu novo álbum, até chegar a treze, seu número de sorte.

A música escolhida para abrir o disco e também servir-lhe de título foi "Fearless", por conta do significado particular que a palavra tem para Taylor. Ela explica no encarte:

> *Esse álbum chama-se* Fearless [destemido, em português] *e eu gostaria de deixar clara a razão de nós escolhermos esse título. Para mim, destemido não é ser isento de medos. Não é ser completamente destemido. Para mim, destemido é ter medos. Destemido é ter dúvidas. Muitas delas. Para mim, destemido é estar cercado de coisas que você morre de medo. Destemido é se apaixonar loucamente de novo, apesar de você já ter sido magoada antes. Destemido é ser caloura no ensino médio aos quinze anos. Destemido é lutar e batalhar pelo que quer várias vezes... apesar de ter perdido em todas as outras tentativas. É destemido você ter fé de que um dia as coisas irão mudar. Destemido é ter a coragem de dizer "adeus" a alguém que só te machuca, apesar de você não conseguir respirar sem ela. Eu acredito que ser destemido é se apaixonar pelo seu melhor amigo, apesar dele estar com outra pessoa. E quando uma pessoa se desculpa diversas vezes por coisas que ela nunca deixará de fazer, eu acho que é destemido parar de acreditar nela. É destemido dizer "você NÃO sente muito" e dar as costas. Eu acho que amar alguém sem se importar com o que as pessoas pensam é destemido. Eu acredito que chorar sozinha no banheiro é destemido. Esquecer*

é destemido. Então, passar pra outra e estar tudo bem... é destemido também. Mas não importa o que o amor faça, você tem que acreditar nisso. Você tem que acreditar em histórias de amor, príncipes encantados e "felizes para sempre". É por isso que eu escrevo essas canções. Porque eu acredito que o amor é destemido.

Obrigada.
Destemidamente,

LOVELOVELOVE
-T

Foram lançados seis singles oficiais e dois singles promocionais para o álbum *Fearless*:

- **Change** foi lançado em 8 de agosto de 2008 como tema para os Jogos Olímpicos de Pequim. A cantora foi convidada pela rede de TV NBC para se apresentar nas Olimpíadas, mas, como estava em turnê, não pode participar. Seu pai então sugeriu que a música "Change" fosse utilizada como tema para o evento. O single foi o primeiro de Taylor a figurar entre os dez primeiros colocados da Billboard Hot 100 e conquistou um disco de ouro da RIAA após vender mais de 500 mil cópias.
- **Love Story** foi o primeiro single lançado oficialmente para divulgar *Fearless*, em 12 de setembro de 2008. Tornou-se um dos maiores sucessos da carreira de Taylor, tanto em recepção positiva da crítica quanto no desempenho comercial, chegando à quarta posição no Billboard Hot 100. O êxito se deu nas paradas de todo o mundo, como nas da Austrália, Canadá, Japão e Europa. Com mais de cinco milhões de cópias vendidas apenas nos Estados Unidos, recebeu cinco discos de platina e é o single de Taylor com maior vendagem até hoje.

- **Breathe**, canção que conta com a participação de Colbie Caillat, foi lançada em 21 de outubro de 2008 como single promocional do álbum no site Rhapsody. A música foi indicada para o Grammy 2010 como Melhor Colaboração Pop com Vocais.
- **You're Not Sorry** foi lançada em 28 de outubro de 2008 como single promocional de *Fearless* no iTunes, no projeto Countdown to Fearless, e atingiu a 11ª colocação no Billboard Hot 100. Em 5 de março de 2009, foi lançada uma versão remixada da música, no mesmo dia em que foi exibido nos Estados Unidos o episódio "Turn, Turn, Turn", da série *CSI: Investigação Criminal*, que contou com a participação especial de Taylor. O remix foi reproduzido durante o episódio.
- **White Horse** foi lançada em 8 de dezembro de 2008 como segundo single de *Fearless*. A canção teve um desempenho muito expressivo entre a crítica, chegando ao ápice no Grammy 2010, quando Taylor recebeu os prêmios de Melhor Canção Country e Melhor Performance Vocal Feminina de Country por "White Horse". Nas paradas, o desempenho não foi tão destacado quanto na crítica, porém foi bem satisfatório, alcançando a 13ª posição na Billboard Hot 100 e uma vendagem de mais de 1,7 milhão de cópias somente nos Estados Unidos, o que garantiu um disco de platina.
- **You Belong With Me** é o terceiro single oficial do álbum, sendo lançado em 18 de abril de 2009. A canção foi indicada a três prêmios no Grammy 2010: Música do Ano, Gravação do Ano e Melhor Performance Pop Feminina. No entanto, não conquistou nenhum deles. Chegou à segunda posição no Billboard Hot 100, sendo o melhor desempenho de uma canção de Taylor nessa lista até então. Nos Estados Unidos, vendeu mais de 4,3 milhões de cópias, sendo até hoje seu segundo single mais vendido, com o qual conquistou quatro discos de platina.

- **Fifteen** foi lançado em 30 de agosto de 2009 e é o quarto single de *Fearless*. A música foi cantada pela primeira vez por Taylor em um dueto com Miley Cyrus, no Grammy Awards 2009. Com excelente repercussão na crítica especializada, que destacou principalmente o conteúdo lírico da canção, "Fifteen" alcançou a 23ª posição no Billboard Hot 100 e, somente nos Estados Unidos, vendeu mais de 1,3 milhão de cópias, recebendo um disco de platina.
- **Fearless** é o último single lançado para divulgar o álbum de mesmo nome de Taylor, o que aconteceu em 3 de janeiro de 2010. A música recebeu um disco de ouro da RIAA antes mesmo de seu lançamento oficial, em razão do bom desempenho de vendas na Internet, com mais de 500 mil downloads até então. "Fearless" chegou à 9ª colocação no Billboard Hot 100 e já vendeu até hoje mais de 1 milhão de cópias.

O lançamento de *Fearless* nos Estados Unidos ocorreu em 11 de novembro de 2008, tendo uma recepção positiva entre os críticos. Jody Rosen, da *Rolling Stone*, destacou que "com seu segundo álbum, Swift pretende estender seu domínio para além dos amantes de música country", ressaltando uma maior influência do pop nas músicas de Taylor. E completou afirmando que "a música [de Swift] mistura um profissionalismo quase impessoal [...] com confissões que são sofridamente íntimas e verdadeiras".

Em apenas um dia, *Fearless* vendeu 217 mil cópias, chegando a 592.304 cópias ao final da primeira semana, sendo 129 mil destas exclusivamente por download, o que representou a quarta maior venda digital em uma semana desde que a Nielsen SoundScan começou a medir tais índices. O álbum estreou no primeiro lugar da Billboard 200. Uma semana depois, caiu para o quarto lugar, mas subiu à segunda posição na semana seguinte. Em sua quinta semana nas paradas, voltou ao topo, onde ficou por sete semanas seguidas. Ao todo, *Fearless* ficou por onze semanas no topo da Billboard 200, maior período desde *Supernatural*, de Santana, que foi o número um por onze semanas entre 1999 e 2000.

Em 26 de outubro de 2009, foi lançada uma edição especial do álbum: *Fearless: Platinum Edition*, com cinco novas músicas e uma versão em piano de "Forever & Always". Após o lançamento, Taylor se tornou a primeira artista da história da Billboard Hot 100 a ter cinco novas canções no top 30 em uma mesma semana: "Jump Then Fall", "Untouchable", "The Other Side of the Door", "Superstar" e "Come In With the Rain". Além disso, outras três músicas dela estavam na lista no mesmo período: "Forever & Always", "You Belong with Me" e "Fifteen", assim como "Two Is Better Than One", da banda Boys Like Girls, em que ela faz uma participação. Desse modo, conquistou o recorde de canções de uma artista em uma única semana nas paradas, com nove músicas. Somente nos Estados Unidos, *Fearless* vendeu mais de 6,6 milhões de cópias, recebendo assim seis discos de platina da RIAA. Em todo o mundo, as vendas chegam a 9 milhões de exemplares, sendo o mais vendido no ano de 2009.

Para divulgar seu novo álbum, Taylor realizou a *Fearless Tour* que, entre 2009 e 2010, realizou 105 apresentações, a maioria delas nos Estados Unidos. O cantor Justin Bieber abriu dois de seus shows, em 23 e 24 de novembro de 2009, no Reino Unido. O disco foi o primeiro na História a vencer os prêmios de Álbum do Ano no American Music Awards, no Academy of Country Music Awards, no Country Music Association Awards e no Grammy Awards no mesmo ano, tornando-se assim o álbum mais premiado da história da música country.

SOBRE AS MÚSICAS

A canção que dá nome ao álbum, "**Fearless**", fala basicamente de "não ter medo de se apaixonar". Taylor diz que "não importa quantas vezes se machuque, você sempre vai se apaixonar de novo". "**Fifteen**" é sobre as experiências de Taylor durante seu primeiro ano no ensino médio, na Escola Secundária Hendersonville, e é dedicada especialmente à sua melhor amiga, Abigail Anderson, com quem ela compartilhou várias dessas experiências. Antes de gravar a música, Taylor pediu o consentimento de Abigail.

"**Love Story**" foi escrita quando Taylor passava por uma situação complicada, já que sua família e seus amigos não gostavam do rapaz com quem ela estava namorando. Na música, ela usa elementos como os nomes de Romeu e Julieta e citações do livro *A letra escarlate*, de Nathaniel Hawthorne. Ao contrário do que aconteceu com Taylor, a relação descrita na canção termina com um final feliz. "**Hey Stephen**" foi composta para um cara chamado Stephen Liles, que abriu alguns shows de Taylor com sua banda. Ela tinha uma queda por ele. Quando o álbum foi lançado, ela mandou uma mensagem de texto para Stephen dizendo: "Ei, faixa 4!". "**White Horse**" é sobre um namorado de Taylor, que ela achava ser um príncipe encantado, mas depois percebeu que não era. A música foca no momento em que ela percebe que o relacionamento terminou.

Já "**You Belong With Me**", segundo ela, é sobre se sentir inferior às garotas legais da escola. Na canção, inspirada ao ouvir um amigo tendo uma discussão com a namorada pelo telefone, na qual ele tentava convencê-la do quanto a amava, Taylor criou uma história em que ela é a "garota ao lado", que conhece mais o amigo do que a garota popular que detém toda a atenção dele. "**Breathe**" fala sobre "ter que dizer adeus para uma pessoa [...] quando isso não é culpa de ninguém". Em "**Tell Me Why**", Taylor canta sobre um cara com quem ela nunca saiu oficialmente e que nunca sabia o que queria. "**You're Not Sorry**" é sobre um outro cara que, de acordo com Taylor, "acabou não sendo quem eu pensava que era" e que "tinha vários segredos dos quais não me falou. E um a um, eu os descobriria".

"**The Way I Loved You**" é sobre um cara que Taylor namorou, um rapaz maravilhoso, pontual e educado, mas ela não sentia nada por ele. E no tempo em que estavam juntos, ela pensava em outra pessoa, complicado e frustrante. "**Forever & Always**" foi composta após o relacionamento de Taylor com Joe Jonas, do Jonas Brothers. Na música, ela fala de uma relação em que o namorado vai se distanciando e ela não sabe por quê. "**The Best Day**" é totalmente dedicada à mãe de Taylor, que só soube da música depois que estava gravada. "**Change**" é uma reflexão da cantora sobre suas esperanças e aspirações em relação ao sucesso. "**Jump Then Fall**" é sobre "saltar e mergulhar no amor de verão mais mágico que se possa imaginar". "**Untouchable**", originalmente, é uma versão de uma música dos irmãos Cary e Nathan Barlowe, que ela apresentou em um programa de TV. Devido ao grande sucesso, a música foi gravada na versão Platinum de *Fearless*. Basicamente, fala que "nós sempre queremos o que não podemos alcançar". "**Come In With the Rain**" fala sobre uma decepção amorosa. "**Superstar**" é sobre amar desesperadamente um ídolo e "**The Other Side of the Door**" versa sobre um momento de raiva com alguém que ela ama.

MENSAGENS DAS MÚSICAS

Fearless – *I loved you before I met you* (te amei antes de te conhecer)

Fifteen – *I cried while recording this* (eu chorei enquanto gravava isto)

Love Story – *Someday I'll find this* (algum dia encontrarei isto)

Hey Stephen – *Love and Theft* (amor e roubo)

White Horse – *All I ever wanted was the truth* (tudo que eu queria era a verdade)

You Belong With Me – *Love is blind so you couldn't see me* (o amor é cego, então você não pode me ver)

Breathe – *I'm sorry, I'm sorry, I'm sorry* (desculpa, desculpa, desculpa)

Tell Me Why – *Guess I was fooled by your smile* (acho que fui enganada pelo seu sorriso)

You're Not Sorry – *She can have you* (ela pode ficar com você)

The Way I Loved You – *We can't go back* (não podemos voltar atrás)

Forever & Always – *If you play games, we're both going to lose* (se você ficar de joguinhos, nós dois sairemos perdendo)

The Best Day – *God bless Andrea Swift* (Deus abençoe Andrea Swift)

Change – *You made things change for me* (você fez as coisas mudarem para mim)

Jump Then Fall – *Last summer was magical* (o verão passado foi mágico)

Untouchable – *We always want what we can't reach* (nós sempre queremos o que não podemos alcançar)

Forever & Always (piano version) – *Still miss who I thought he was* (ainda sinto falta de quem eu achava que ele era)

Come in with the Rain – *Won't admit that I wish you'd come back* (não admito que gostaria que você voltasse)

Superstar – *I'll never tell* (eu nunca vou dizer)

The Other Side of the Door – *What was I really thinking when I slammed the door* (o que eu realmente estava pensando quando bati na porta)

CURIOSIDADES

- Depois do lançamento de *Fearless*, Taylor foi pessoalmente a um supermercado comprar seu álbum.
- A canção "White Horse" foi tocada durante a estreia da quinta temporada da série *Grey's Anatomy*.
- Taylor convidou Colbie Caillat para produzir uma canção com ela, pois estava apaixonada pela "forma como ela faz música".
- Assim como em seu primeiro álbum, Taylor participou do processo de criação do encarte de *Fearless*.

SPEAK NOW

Lançamento: 25 de outubro de 2010

Gravadora: Big Machine

Produção: Scott Borchetta, Nathan Chapman e Taylor Swift

VERSÃO PADRÃO

Nº	Título	Compositor(es)	Duração
1	Mine	Taylor Swift	3:50
2	Sparks Fly	Taylor Swift	4:20
3	Back to December	Taylor Swift	4:53
4	Speak Now	Taylor Swift	4:00
5	Dear John	Taylor Swift	6:43
6	Mean	Taylor Swift	3:57
7	The Story of Us	Taylor Swift	4:25
8	Never Grow Up	Taylor Swift	4:50
9	Enchanted	Taylor Swift	5:52
10	Better Than Revenge	Taylor Swift	3:37
11	Innocent	Taylor Swift	5:02
12	Haunted	Taylor Swift	4:02

13	Last Kiss	Taylor Swift	6:07
14	Long Live	Taylor Swift	5:17

BÔNUS DA VERSÃO DELUXE

15	Ours	Taylor Swift	3:59
16	If This Was a Movie	Taylor Swift, Martin Johnson	3:56
17	Superman	Taylor Swift	4:37
18	Back to December (versão acústica)	Taylor Swift	4:52
19	Haunted (versão acústica)	Taylor Swift	3:37
20	Mine (versão americana)	Taylor Swift	3:51
21	Back to December (versão americana)	Taylor Swift	4:53
22	The Story of Us (versão americana)	Taylor Swift	4:26

O terceiro álbum de Taylor é também o primeiro em que todas as suas músicas foram compostas exclusivamente por ela. A cantora explica que "calhou de as canções selecionadas para integrar a edição final do álbum serem escritas apenas por mim. Eu tinha minhas melhores ideias às três da manhã no Arkansas e não havia nenhum coautor por perto. Por isso, eu tinha que finalizá-las sozinha".

O anúncio do lançamento de *Speak Now* ocorreu durante um *live chat* na Internet, que contou com uma audiência de mais de 58 mil fãs, em 20 de julho de 2010. Taylor explicou o conceito por trás do título e o processo de desenvolvimento do projeto, cujas gravações ocorreram entre 2008 e 2010. A temática do álbum trata sobre confissões. "Cada canção é uma confissão para uma pessoa", revelou ela. Basicamente, as músicas de *Speak Now* falam das experiências amorosas da cantora entre 2008 e 2010, enquanto estava na estrada com a *Fearless Tour*.

Para divulgar seu terceiro álbum, foram lançados seis singles oficiais e um single promocional:

- **Mine** é o primeiro single de *Speak Now*. Foi anunciado no *live chat* de Taylor e lançado em 4 de agosto de 2010, data antecipada em razão de um vazamento ilegal na Internet – a data marcada era 16 de agosto. A crítica recebeu bem a música, destacando o amadurecimento de Taylor como compositora. A canção estreou na terceira posição do Billboard Hot 100, o que fez de Taylor a segunda artista da História a ter duas músicas que estrearam entre as cinco primeiras posições das paradas em um mesmo ano. Já foram vendidas mais de 2 milhões de cópias, o que garantiu a "Mine" um disco duplo de platina da RIAA.
- **Speak Now** foi lançado no iTunes em 5 de outubro de 2010 como single promocional do disco, integrando o projeto *Countdown to Speak Now*. A música teve uma repercussão muito positiva na crítica. Nas paradas, atingiu a 8ª posição do Billboard Hot 100 em sua estreia. Com o feito, Taylor tornou-se a artista com o maior número de estreias no top 10 da lista, superando Mariah Carey. O single teve mais de 500 mil cópias vendidas, recebendo, assim, um disco de ouro.
- **Back to December** foi o segundo single do álbum, lançado inicialmente como promocional no iTunes em 12 de outubro de 2010. Porém, no dia 14 de novembro, foi lançada como single oficial. A canção teve boa repercussão entre os críticos. Nas paradas, estreou no topo do Billboard Digital Songs e na 6ª posição do Billboard Hot 100. Com mais de 1,6 milhão de cópias comercializadas nos Estados Unidos, a música rendeu um disco de platina.
- **Mean** foi lançado como terceiro single oficial em 13 de março de 2011, embora tenha sido disponibilizado para download em 17 de outubro do ano anterior. A canção concorreu e venceu em duas categorias do Grammy 2012:

Melhor Música Country e Melhor Performance Country Solo. Nas paradas, "Mean" estreou na 9ª posição do Billboard Hot 100 e chegou ao segundo lugar no Hot Country Songs, o que fez de Taylor uma das duas mulheres – a outra é Carrie Underwood – a ter treze canções consecutivas dentre as dez primeiras da lista. A canção conquistou disco duplo de platina, após vender mais de dois milhões de cópias.

- **The Story of Us** é o quarto single do álbum, sendo lançado em 19 de abril de 2011 e teve desempenho moderado nas paradas, chegando à 41ª colocação no Billboard Hot 100. Recebeu um disco de ouro pelas vendas de mais de 500 mil cópias nos Estados Unidos.
- **Sparks Fly** foi lançado em 18 de julho de 2011 e é o quinto single oficial de *Speak Now*. A canção estreou na 17ª posição no Billboard Hot 100 e, com isso, Taylor tornou-se a cantora com o maior número de músicas nas paradas na mesma semana, onze no total. O single vendeu mais de 800 mil cópias e conquistou um disco de ouro.
- **Ours**, da versão deluxe do álbum, foi lançada como single oficial em 8 de novembro de 2011 e chegou ao 13º lugar no Billboard Hot 100. A canção ainda chegou ao topo do *Top Country Songs*. Com mais de 1,2 milhão de cópias vendidas, recebeu um disco de platina.

Speak Now foi lançado em 25 de outubro de 2010 e foi bem recebido pelos críticos. Leah Greenblatt, da *Entertainment Weekly*, afirmou que "por trás da doçura da cantora se esconde uma habilidosa técnica" e que "o amor talvez a confunda, mas a arte da música certamente não". Rob Sheffield, da *Rolling Stone*, classificou o álbum como "cerca de duas vezes melhor que *Fearless*", enquanto Liz Stinson, da *Paste Magazine*, afirma que "em *Speak Now*, Swift sussurra seus segredos nos ouvidos de milhões de pessoas" e que ela "está crescendo, e suas composições também". O reconhecimento também ficou evidenciado nas listas de melhores lançamentos ao final de 2010. A

Rolling Stone classificou o álbum como o 13º melhor álbum do ano, enquanto que Jon Caramanica, do *The New York Times*, apontou *Speak Now* como o segundo melhor em seu top 10 de melhores do ano.

O êxito também se deu no desempenho comercial em várias partes do mundo. O álbum estreou na 1ª posição do Billboard 200, com vendas iniciais de 1 milhão e 47 mil unidades, que fizeram Taylor quebrar vários recordes da indústria musical dos Estados Unidos. Entre eles, o de artista feminina de música country com a maior semana de vendas da história, superando *Up!*, de Shania Twain, e o de álbum country com a segunda maior semana de vendas da história, marca que até então pertencia a Garth Brooks, com *Double Live*. Nas paradas, o disco estreou ainda no topo do Billboard Country Albums e do Billboard Digital Albums. *Speak Now* ficou no primeiro lugar do Billboard 200 por seis semanas não consecutivas, registrando mais de 4,2 milhões de cópias vendidas, garantindo assim um disco quádruplo de platina. Esse foi o terceiro álbum da cantora a superar a marca de quatro milhões de unidades comercializadas apenas nos Estados Unidos, tornando-a a única artista a realizar tal façanha em uma mesma década. Em todo o mundo, já foram vendidas mais de cinco milhões de cópias do álbum.

Para divulgar *Speak Now*, Taylor saiu em sua segunda turnê mundial, a *Speak Now World Tour*, com 111 shows na América do Norte, Europa, Ásia e Oceania. A turnê teve início em 9 de fevereiro de 2011, em Singapura, e encerrou em 18 de março de 2012, em Auckland, Nova Zelândia.

SOBRE AS MÚSICAS

"**Mine**", segundo Taylor, é sobre sua "tendência de fugir do amor [...] Acho que desenvolvi esse padrão de fugir sempre que chega o momento de se apaixonar e permanecer em um relacionamento. A canção é sobre achar uma exceção para isso, achar alguém que te faça acreditar no amor e perceber que pode dar certo. Eu nunca, jamais vou deixar de acreditar que o amor pode dar certo". "**Sparks Fly**", de acordo com a cantora, é sobre "se apaixonar por alguém que você talvez não devesse se apaixonar, mas você não pode parar porque há uma forte química". "**Back to December**" é "sobre uma pessoa que foi incrível e perfeita para mim durante um relacionamento e eu fui muito descuidada com ele. Então, esta é uma música cheia de palavras que eu diria para ele, que ele merece ouvir". A música foi composta para o ator Taylor Lautner.

"**Speak Now**" fala de uma garota que tenta impedir que o cara que ela ama case-se com a mulher errada. A inspiração surgiu a partir de uma história contada por uma amiga de Taylor. "**Dear John**" é uma espécie de desabafo da cantora sobre um de seus relacionamentos, que seria com o cantor John Mayer, apesar de ela nunca ter admitido isso. Recentemente, ele disse ter se sentido "humilhado" com a música. "**Mean**" tem uma forte influência country e foi feita como forma de "se vingar" de um certo crítico de Taylor, que duvidava da qualidade de suas canções, bem como de sua habilidade de cantar. "**The Story of Us**" foi inspirada em um encontro de Taylor com um ex-namorado em uma premiação, onde eles precisavam falar um com o outro, mas estavam distantes. Esse namorado seria John Mayer.

"**Never Grow Up**" descreve os sentimentos de não saber lidar com o fato de crescer. Taylor disse que "eu olho para a multidão toda noite nos meus shows e vejo um monte de garotas que são da minha idade e estão passando exatamente pelas mesmas coisas que eu estou passando. [...] Eu escrevi essa música pra essas garotas". "**Enchanted**" é sobre um cara que ela estava encantada de ter conhecido, Adam Young, do Owl City. "**Better Than Revenge**", de acordo com a cantora, foi escrita sobre uma garota que, alguns anos atrás, roubou o seu namorado. "Eu penso que ela provavelmente esqueceu isso, mas eu não esqueci". A música seria sobre Camilla Belle, que namorou Joe Jonas depois de ele e Taylor romperem. "**Innocent**" fala "sobre algo que afetou intensamente o meu emocional; eu demorei um pouco para escrever essa". Supostamente, a canção é uma resposta ao incidente ocorrido na edição de 2009 do MTV Video Music Awards, quando o rapper Kanye West arrancou o microfone das mãos de Taylor enquanto ela fazia seu discurso de agradecimentoao vencer o prêmio de Melhor Vídeo Musical Feminino.

"**Haunted**" é uma canção sobre "o momento em que você percebe que a pessoa que você está apaixonada está desaparecendo". "**Last Kiss**" seria uma referência à relação de Taylor com Joe Jonas. "**Long Live**" é uma homenagem de Taylor à sua banda, seu produtor e todos que a acompanharam nos últimos dois anos. "É a primeira canção de amor que escrevi para minha equipe". "**Ours**" fala de uma história de amor um pouco conturbada sobre um relacionamento que é criticado pelas outras pessoas. A música supostamente teria sido escrita sobre John Mayer. "**If This Was a Movie**" é sobre uma relação para a qual Taylor deseja voltar, "como num filme". Por fim, "**Superman**" conta sobre um namorado que ela considera um "super-homem".

MENSAGENS DAS MÚSICAS

Mine – *Toby* (o cara que inspirou a música)

Sparks Fly – *Portland, Oregon*

Back to December – *Tay* (Taylor Lautner)

Speak Now – *You always regret what you don't say* (você sempre se arrepende pelo que não diz)

Dear John – *Loved you from the very first day* (te amei desde o primeiro dia)

Mean – *I thought you got me* (pensei que você tivesse me compreendido)

The Story of Us – *CMT Music Awards* (premiação em que teria encontrado John Mayer)

Never Grow Up – *I moved out in july* (me mudei em julho)

Enchanted – *Adam* (Adam Young, do Owl City)

Better Than Revenge – *You thought I would forget* (você pensou que eu iria esquecer)

Innocent – *Life is full of a little interruptions* (a vida é cheia de pequenas interrupções)

Haunted – *Still to this day* (ainda para este dia)

Last Kiss – *Forever and Always* (música do album anterior)

Long Live – *For you* (para vocês)

CURIOSIDADES

- Assim como fez com *Fearless*, Taylor foi comprar o próprio álbum na ocasião de seu lançamento, desta vez em uma loja de departamentos.
- Em 2011, Taylor entrou para o *Guinness Book of World Records* por *Speak Now* ter sido o álbum digital mais vendido por uma artista mulher, além de ser a cantora com mais hits simultaneamente no Billboard Hot 100.
- O título do álbum inicialmente seria *Enchanted*, mas de acordo com o produtor Scott Borchetta, ele não era suficientemente adequado à temática da obra. Em uma entrevista à *Billboard*, ele conta que disse a Taylor durante um almoço: "Taylor, esse álbum não é mais sobre contos de fadas e o colegial. Você não está mais neles, e não acho que ele deva se chamar *Enchanted*". Logo em seguida, Taylor decidiu pelo nome *Speak Now*.
- Em "Dear John", está a frase que Taylor considera a melhor que já escreveu: "But I took your matches before fire could catch me, so don't look now: I'm shining like fireworks over your sad, empty town" (Mas peguei seus fósforos antes que o fogo pudesse me pegar, então não olhe agora: estou brilhando como fogos de artifício sobre a sua cidade triste e vazia).

SPEAK NOW: WORLD TOUR LIVE

Lançamento: 21 de novembro de 2011
Gravadora: Big Machine
Produção: Taylor Swift, Scott Borchetta, Robert Allen, Andrea Swift e Jim Weatherson

VERSÃO PADRÃO

Nº	Título	Compositor(es)	Duração
1	Sparks Fly	Taylor Swift	5:39
2	Mine	Taylor Swift	4:19
3	The Story of Us	Taylor Swift	4:49
4	Mean	Taylor Swift	4:09
5	Ours	Taylor Swift	4:05
6	Back to December/ Apologize/You're Not Sorry	Taylor Swift	6:01
7	Better Than Revenge	Taylor Swift	5:44
8	Speak Now	Taylor Swift	4:09
9	Last Kiss	Taylor Swift	6:12

10	Drops of Jupiter	Jimmy Stafford, Scott Underwood, Pat Monahan, Charlie Colin, Rob Hotchkiss	5:08
11	Bette Davis Eyes	Diona Weiss, Jackie DeShannon	3:07
12	I Want You Back	Freddie Perren, Deke Richards, Berry Gordy Jr., Alphonso Mizell	1:21
13	Dear John	Taylor Swift	6:45
14	Enchanted	Taylor Swift	6:25
15	Haunted	Taylor Swift	4:49
16	Long Live	Taylor Swift	6:21

BÔNUS PARA O BRASIL

17	Long Live (feat. Paula Fernandes)	Taylor Swift, Paula Fernandes	5:16

Speak Now: World Tour Live é o primeiro álbum ao vivo de Taylor Swift, lançado em 21 de novembro de 2011, em versão CD + DVD e CD + Blu-Ray. O álbum foi anunciado pela própria cantora em um *live chat* com seus fãs, em 21 de setembro de 2011. As músicas foram gravadas durante as apresentações de Taylor na *Speak Now World Tour*, que divulgou seu terceiro álbum de estúdio.

O disco tem treze músicas de *Speak Now*, além de três covers: "Drops of Jupiter", da banda norte-americana Train; "Bette Davis Eyes", composta por Donna Weiss e Jackie DeShannon, com sua versão mais conhecida na voz de Kim Carnes; e "I Want You Back", do grupo The Jackson 5.

Para o público brasileiro, o álbum contou com um extra especial: a música "Long Live", em uma versão inédita, com trechos cantados em português pela cantora Paula Fernandes.

Em comunicado divulgado pela Universal Music, Taylor diz: "Fiquei realmente feliz em dividir 'Long Live' com Paula Fernandes, pois esta é uma das minhas canções favoritas. Foi maravilhoso, amei sua versão".

Nas paradas, o disco atingiu a segunda colocação no Top Country Albums. Já no Billboard 200, o auge foi a 11ª posição. Foram comercializadas ao todo mais de 300 mil cópias no mercado dos Estados Unidos.

RED

Lançamento: 22 de outubro de 2012

Gravadora: Big Machine

Produção: Taylor Swift, Scott Borchetta, Nathan Chapman, Dann Huff, Dan Wilson, Max Martin, Shellback, Jeff Bhasker, Butch Walker e Jacknife Lee.

VERSÃO PADRÃO

Nº	Título	Compositor(es)	Duração
1	State of Grace	Taylor Swift	4:55
2	Red	Taylor Swift	3:43
3	Treacherous	Taylor Swift, Dan Wilson	4:02
4	I Knew You Were Trouble	Taylor Swift, Max Martin, Shellback	3:39
5	All Too Well	Taylor Swift, Liz Rose	5:29
6	22	Swift, Max Martin, Shellback	3:52
7	I Almost Do	Taylor Swift	4:04
8	We Are Never Ever Getting Back Together	Taylor Swift, Max Martin, Shellback	3:13
9	Stay Stay Stay	Taylor Swift	3:25
10	The Last Time (feat. Gary Lightbody)	Taylor Swift, Gary Lightbody, Jacknife Lee	4:59

11	Holy Ground	Taylor Swift	3:23
12	Sad Beautiful Tragic	Taylor Swift	4:44
13	The Lucky One	Taylor Swift	4:00
14	Everything Has Changed (feat. Ed Sheeran)	Taylor Swift, Ed Sheeran, Patrick Warren	4:05
15	Starlight	Taylor Swift	3:40
16	Begin Again	Taylor Swift	3:57

BÔNUS DA EDIÇÃO DELUXE

17	The Moment I Knew	Taylor Swift	4:46
18	Come Back... Be Here	Taylor Swift, Dan Wilson	3:43
19	Girl at Home	Taylor Swift	3:40
20	Treacherous (gravação de demo original	Taylor Swift, Dan Wilson	3:59
21	Red (gravação de demo original)	Taylor Swift	3:46
22	State of Grace (versão acústica)	Taylor Swift	5:22

Assim como *Speak Now*, o quarto álbum de Taylor Swift também foi anunciado pela própria cantora em um live chat na Internet. Em 7 de agosto de 2012, ela publicou em seu canal no YouTube um vídeo anunciado que bateria um papo com seus fãs no dia 13 do mesmo mês. No chat, Taylor revelou o nome e a data do lançamento do álbum, bem como o primeiro single, "We Are Never Ever Getting Back Together", que foi lançado no mesmo dia. Ela também disse que *Red* teria dezesseis faixas, selecionadas entre 35 músicas gravadas para o disco.

A respeito do título do álbum, ela falou durante o chat:

> *Eu escolhi o nome* Red [vermelho] *pois essa cor simboliza as tumultuosas e loucas aventuras e perdas que o amor traz consigo. Eu penso que quando você se apaixona, tudo passa tão rá-*

pido e fica tão fora de controle que acaba misturando paixão, ciúme, frustração, falta de comunicação e vários outros sentimentos... em suma, todos eles me parecem vermelhos.

Diferente de seu álbum anterior, em que compôs todas as músicas, *Red* teve a participação de vários colaboradores, como Max Martin e Shellback, que já escreveram canções para diversos nomes da música pop, como Katy Perry, Britney Spears, Backstreet Boys e Ke$ha. Taylor comentou que "o som deste trabalho é mais experimental e está focado nas letras. Espero ter amadurecido. Ele é diferente dos meus trabalhos anteriores. Tive novos colaboradores e deixei que isso influenciasse na sonoridade do álbum". Ainda segundo ela, "nesse álbum, cada canção é muito diferente da outra, o que torna a experiência de ouvi-lo mais interessante". As gravações de *Red* ocorreram entre 2010 e 2012.

Até o momento, foram lançados sete singles oficiais ou promocionais para divulgar *Red*:

- **We Are Never Ever Getting Back Together** é o primeiro single do álbum e foi lançado em 13 de agosto de 2012. Com um ritmo mais pop, o single chegou ao primeiro lugar dos mais comprados no iTunes nos Estados Unidos em apenas cinquenta minutos, batendo assim o recorde que era da cantora Lady Gaga, que atingiu o feito em uma hora com *Born This Way*. A canção foi ao topo no iTunes em outros 25 países, incluindo o Brasil. Com o ótimo desempenho nos downloads, o single foi ao primeiro lugar no Billboard Hot 100, sendo a primeira música da carreira de Taylor a atingir essa marca. Em uma semana, foram vendidas somente nos Estados Unidos 623 mil cópias da canção, o maior número para uma artista feminina. Com mais de 3 milhões de cópias já vendidas apenas em território norte-americano, o single recebeu disco triplo de platina da RIAA.

- **Begin Again** foi lançado em 1º de outubro de 2012, sendo o segundo single de *Red*. A canção obteve uma recepção bastante positiva entre a crítica, que destacou a permanência de Taylor em suas raízes mais country, apesar de um lado mais pop ter sido ressaltado em "We Are Never Ever Getting Back Together". Nas paradas, o single chegou à sétima posição no Billboard Hot 100 e nos Estados Unidos, conquistou um disco de platina após vender mais de 1 milhão de cópias.
- **I Knew You Were Trouble** é o terceiro single do álbum e foi lançado digitalmente em 9 de outubro de 2012 e enviado para as rádios em 27 de novembro de 2012. É mais uma música de *Red* com elementos pop, dessa vez fazendo experimentações com o dubstep, influência dos compositores Max Martin e Shellback, o que dividiu a opinião de críticos. O single estreou na terceira posição do Billboard Hot 100, chegando à segunda colocação, e em primeiro lugar no *Hot Digital Songs*, com 416 mil cópias vendidas em sua primeira semana, o que fez de Taylor a primeira artista na história digital a ter duas músicas estreando com vendas de mais de 400 mil unidades. Nos Estados Unidos, a canção teve mais de quatro milhões de cópias vendidas, obtendo, assim, disco quádruplo de platina.
- **22** foi o quarto single de *Red*, sendo lançado de forma promocional no iTunes em 2 de outubro de 2012, e como single oficial em 12 de março de 2013. Também composta com Shellback e Max Martin, a crítica destacou que a canção é divertida, pop e se afasta do *dubstep* do single anterior. Nas paradas, "22" chegou à 20ª posição do Billboard Hot 100 e ao sétimo lugar no Digital Songs. Foram vendidas até agora mais de 1 milhão de cópias, o que rendeu um disco de platina.
- **Red**, faixa que dá nome ao álbum, foi lançada como single promocional em 2 de outubro de 2012 e como single oficial em 24 de junho de 2013. A canção já vendeu mais de 1 milhão de cópias, conquistando um disco de platina. Nas paradas, chegou ao sexto lugar no Billboard Hot 100

e ao segundo lugar no Digital Songs e no Hot Country Songs da *Billboard*.

- **State of Grace** foi lançada como single promocional do álbum em 16 de outubro de 2012, sendo a quarta nesse formato, antecedida de "Begin Again", "Red" e "I Knew You Were Trouble". Com influência do U2, conforme citou a *Entertaniment Weekly*, a canção chegou à 13ª posição do Billboard Hot 100, porém, não conquistou certificação da RIAA até o momento.
- **Everything Has Changed** é, até o momento, o último single oficial de *Red*, lançado em 16 de julho de 2013. Composta e cantada em parceria com Ed Sheeran, a música obteve boa recepção entre os críticos. A melhor posição no Billboard Hot 100 foi o 41º lugar. No Pop Songs e no Adult Pop Songs, a música chegou à 27ª e 33ª posições, respectivamente.

O lançamento de *Red* ocorreu em 22 de outubro de 2012, recebendo avaliações geralmente positivas por parte dos críticos musicais. Fraser McAlpine, do *BBC Music*, afirma que "música após música, Taylor aponta o dedo para os irresponsáveis garotos e ergue suas mãos aos céus, perguntando: 'por que eles não me tratam melhor?'", classificando-a ainda como "uma compositora de raciocínio rápido" e "uma verdadeira romântica". A revista *Billboard* considerou este o álbum mais interessante de Taylor até hoje. Já Melissa Maerz, da *Entertainment Weekly*, constata que "*Red* provavelmente fala sobre flertar com o perigo".

Red teve um impressionante desempenho comercial, registrando em sua semana de estreia um total de 565.545 cópias vendidas em todo o mundo apenas no iTunes, o que garantiu ao álbum a maior semana de estreia em nível mundial de todos os tempos na loja digital. Nos Estados Unidos, o disco teve mais de 1,2 milhão de cópias comercializadas em sua primeira semana, o segundo melhor desempenho na história para uma artista feminina e a maior semana de vendas desde

2002, quando Eminem vendeu 1,3 milhão de exemplares de seu *The Eminem Show*. Com esses números, *Red* estreou no primeiro lugar do Billboard 200. Em todo o mundo, o álbum contabilizou mais de 5,2 milhões de cópias vendidas em 2012, de acordo com a International Federation of the Phonographic Industry, sendo assim o segundo disco mais vendido no ano, perdendo apenas para *21*, da britânica Adele. Taylor foi ainda a primeira artista desde os Beatles a registrar seis semanas no topo do Billboard 200 com três álbuns consecutivos, recorde estabelecido em 1969.

Red alcançou o topo das paradas em vários outros lugares, como na Austrália, Canadá, Coreia do Sul e Reino Unido. Nos Estados Unidos, o álbum conquistou disco triplo de platina e já vendeu mais de 3,7 milhões de cópias. Em 26 de outubro de 2012, Taylor anunciou que sairia em turnê mais uma vez, a *Red Tour*, que teve sua primeira apresentação em 13 de março de 2013. Esses shows devem ser encerrados na Austrália. Provavelmente, a turnê se estenderá para outros continentes, durante 2014.

O êxito do álbum garantiu ainda dois lugares para Taylor no Guinness Book: venda mais rápida de single digital para "We Are Never Ever Getting Back Together" e primeira mulher solo com um milhão de vendas de um álbum em duas semanas.

SOBRE AS MÚSICAS

"**State of Grace**", de acordo com Taylor, fala "sobre quando você se apaixona por alguém e pensa nas possibilidades e nos diferentes caminhos que o relacionamento pode levar". Ela conta que escreveu "**Red**" pensando no "fato de que algumas coisas são difíceis de esquecer, porque as emoções envolvidas com elas eram tão intensas, e para mim, a emoção intensa é vermelha". Já "**Treacherous**" foi composta porque Taylor queria "explorar a ideia de que algo poderia ser perigoso e sedutor ao mesmo tempo". "**I Knew You Were Trouble**" conta a história de uma boa menina que se envolve com um bad boy em uma "relação tóxica". O cara é Harry Styles, da banda One Direction.

"**All Too Well**" foi a primeira canção composta para *Red* e, segundo a cantora, a mais difícil de escrever. A música teria sido inspirada no ator Jake Gyllenhaal, com quem ela namorou por algum tempo. "**22**", basicamente, fala sobre ter 22 anos de idade e o que isso envolve. Em uma entrevista, ela disse que "para mim, 22 foi a minha idade favorita. [...] Ter 22 me ensinou muito". "**I Almost Do**" foi aproveitada do material de *Speak Now* e fala de um relacionamento de Taylor e como ela sente falta de seu antigo amor. "**We Are Never Ever Getting Back Together**" surgiu quando um amigo e ex-namorado de Taylor entrou no estúdio e espalhou rumores de que os dois estariam juntos novamente. Depois que ele saiu, Max Martin e Shellback escreveram com Taylor sobre essa relação, descrita por ela como "rompimento, voltar a ficar juntos, rompimento, voltar a ficar juntos". A mídia especula que essa música teria sido escrita para Jake Gyllenhaal.

Em "**Stay Stay Stay**", ela pede ao seu amor para ficar junto dela e o compara a outros ex-namorados. "**The Last Time**" tem a parceria de Gary Lightbody, da banda Snow Patrol, e fala sobre uma última chance que ela deu a um cara em um relacionamento. Em "**Holy Ground**", ela lembra bons momentos de um namoro. "**Sad Beautiful Tragic**" é uma faixa mais melancólica, em que ela relembra um "triste, lindo e trágico caso de amor". "**The Lucky One**" fala de uma estrela que tinha tudo e foi exposta a todos, aos tabloides, luzes e câmeras. De acordo com a *Billboard*, esta estrela seria Joni Mitchell. "**Everything Has Changed**" foi composta por Taylor com Ed Sheeran e fala sobre como as coisas mudam depois que tem início uma paixão. "**Starlight**" canta a relação entre Ethel e Bobby Kennedy, sendo inspirada após Taylor ver uma foto dos dois dançando quando eram adolescentes. O casal em questão são os avós de Conor Kennedy, com quem namorava à época.

"**Begin Again**" é sobre "o final de um relacionamento ruim, quando você se liberta e vai a um primeiro encontro, depois de uma separação, e sobre como se sente vulnerável diante de tudo isso", de acordo com Taylor. "**The Moment I Knew**" fala de um aniversário pelo qual a cantora passou e que não foi um dos melhores.

"**Come Back... Be Here**" canta sobre um cara por quem Taylor está apaixonada, mas que agora está distante dela. Por fim, "**Girl at Home**" é sobre um cara que flerta com Taylor, mas que tem outra garota.

MENSAGENS DAS MÚSICAS

State of Grace – *I love you doesn't count after goodbye* ("Eu te amo" não conta após um adeus)

Red – *SAG* (SAG – Sagitário)

I Knew You Were Trouble – *When you saw me dancing* (quando você me viu dançando)

All Too Well – *Maple lattes* (um café que Taylor e Jake Gylenhaal tomaram juntos)

22 – *Ashley, Dianna, Claire, Selena* (amigas de Taylor)

Treacherous – *Won't stop til it's over* (não vou parar até isso acabar)

I Almost Do – *Wrote this instead of calling* (escrevi isso ao invés de ligar)

We Are Never Ever Getting Back Together – *When I stopped caring what you thought* (quando parei de me importar com o que você pensava)

Stay Stay Stay – *Day dreaming about real love* (sonhando acordada com o amor verdadeiro)

The Last Time – *L.A. on your break* (suas férias em Los Angeles)

Holy Ground – *When you came to the show in SD* (quando você veio ao show em SD)

Sad Beautiful Tragic – *While you were on a train* (enquanto você estava no trem)

The Lucky One – *Wouldn't you like to know* (você não gostaria de saber)

Everything Has Changed – *Hyannis Port* (referência a Conor Kennedy)

Starlight – *For Ethel* (para Ethel Kennedy)

Begin Again – *I wear heels now* (agora eu uso salto alto)

CURIOSIDADE

- Para divulgar *Red*, Taylor veio pela primeira vez ao Brasil, onde participou de alguns programas de TV e fez uma apresentação exclusiva para convidados.

OUTROS ÁLBUNS

Foram lançados ainda um EP e dois álbuns ao vivo de Taylor Swift:

Connect Set

Lançado em 30 de janeiro de 2007, o álbum reúne cinco músicas de seu primeiro álbum, *Taylor Swift*, tocadas ao vivo, e um cover de "Our Last Night", da banda Better Than Ezra.

1.	"Our Song"
2.	"Tim McGraw"
3.	"Mary's Song (Oh My My My)"
4.	"Our Last Night"

Rhapsody Originals

Extended play lançado em novembro de 2007, exclusivamente para a loja digital Rhapsody, reúne quatro versões acústicas de músicas do álbum *Taylor Swift*.

1.	"Tim McGraw"
2.	"Teardrops on My Guitar"
3.	"Our Song"
4.	"Should've Said No"

iTunes Live from SoHo

Álbum ao vivo lançado em 15 de janeiro de 2008 exclusivamente na iTunes Store, reúne performances de músicas do disco *Taylor Swift* e um cover de "Umbrella", de Rihanna.

1.	"Umbrella"
2.	"Our Song"
3.	"Teardrops on My Guitar"
4.	"Should've Said No"
5.	"A Place In This World"
6.	"Mary's Song (Oh My My My)"
7.	"Tim McGraw"
8.	"Picture to Burn"

PARTICIPAÇÕES EM OUTROS ÁLBUNS

Taylor Swift fez participações especiais em álbuns de alguns artistas e também em trilhas sonoras. Em 2009, gravou com a banda Boys Like Girls a música "Two Is Better Than One", do álbum *Love Drunk*, lançada em 19 de outubro daquele ano. Martin Johnson, vocalista da banda, afirmou que "Taylor é uma artista versátil, pode transitar do country para o pop, para o rock, para qualquer lugar [...] pensamos que ela era a voz e a pessoa certas para essa canção". No mesmo ano, Taylor gravou a música "Half of My Heart", com o cantor John Mayer. A música foi lançada para o álbum *Battle Studies*.

Em 22 de maio de 2012, o rapper B.o.B. lançou "Both of Us", composta e gravada em parceria com Taylor. A canção mescla o country característico da cantora com o hip hop de B.o.B., sendo bastante elogiada pela crítica especializada. No ano de 2013, ela participou da música "Highway Don't Care", com o cantor country Tim McGraw, que deu nome ao primeiro single da artista. A canção contou ainda com a participação de Keith Urban ao violão.

Taylor fez ainda participações em trilhas sonoras de alguns filmes. Para *Hannah Montana: O Filme*, de 2009, a cantora gravou "Crazier". Ela fez uma ponta na película, participando como uma das artistas que se apresentam em um evento que ocorre na trama. Em outro filme em que participou como atriz, ela também esteve presente com uma música na trilha: "Today Was a Fairytale", de *Idas e Vindas do Amor*, lançado em 2010. A canção, vendida como single promocional da trilha da produção, estreou em segundo lugar no Billboard Hot 100. Em 2012, duas músicas de Taylor fizeram parte da trilha oficial do filme *Jogos Vorazes*: "Safe & Sound" e "Eyes Open". As duas tiveram ótimo desempenho comercial e venderam mais de 1 milhão de cópias cada uma, conquistando assim disco de platina da RIAA.

Recentemente, foi anunciado que a banda Train, cuja canção "Drops of Jupiter" já fora interpretada por Taylor, escreveu uma música com a cantora, que deve se chamar "Babe". O rapper T-Pain, com quem Taylor fez o clipe-paródia "Thug Story", revelou em maio estar trabalhando em parceria com ela. Por enquanto, não foi divulgado nenhum nome de música ou mais detalhes sobre o trabalho.

m um estilo único, Taylor frequenta a semana de moda de Nova York.

Gustavo Caballero/ Getty Images

VIDEOGRAFIA

DVDS

TAYLOR SWIFT AND DEF LEPPARD

Lançamento: 16 de junho de 2009
Duração: 75 minutos
Distribuição: Big Machine Records
Formato: DVD

O DVD *Taylor Swift and Def Leppard* contém um episódio do programa *CMT Crossroads*, exibido pelo canal americano CMT (Country Music Television), dedicado à música country. O especial, exibido originalmente em 7 de novembro de 2008, é uma apresentação ao vivo de Taylor com o grupo inglês Def Leppard, uma das bandas preferidas da mãe da cantora. As gravações ocorreram em Nashville. Em 16 de junho de 2009, a Big Machine lançou o episódio em DVD através das lojas da rede de varejo Wal-Mart.

Músicas do programa:

1	"Photograph"
2	"Picture to Burn"
3	"Love Story"

4	"Hysteria"
5	"Teardrops On My Guitar"
6	"When Love & Hate Collide"
7	"Should've Said No"
8	"Pour Some Sugar on Me"

No lançamento do DVD, foram inseridas como bônus três músicas que não estavam no programa original: "Love", "Our Song" e "Two Steps Behind". Há ainda entrevistas como conteúdo extra.

JOURNEY TO FEARLESS

Lançamento: 11 de outubro de 2011
Duração: 135 minutos
Distribuição: Shout! Factory
Formato: DVD e Blu-Ray

Journey to Fearless é uma série de três episódios exibida originalmente no canal norte-americano The Hub, que foi ao ar entre 22 e 24 de outubro de 2010. Ao longo dos três capítulos, o programa acompanha Taylor Swift na montagem e realização da *Fearless Tour*, com cenas de bastidores dos shows, entrevistas especiais com a cantora, seus pais, a banda, além de imagens exclusivas do processo de seleção de dançarinos, design dos palcos e de Taylor na estrada. Na série, ela conta ainda um pouco de sua história, desde a infância na Pensilvânia até o lançamento do álbum *Fearless*. Em 11 de outubro de 2011, a série foi lançada em DVD e Blu-Ray, contendo os três episódios e quatorze performances gravadas durante a *Fearless Tour*.

1	"You Belong With Me"
2	"Tim McGraw"
3	"Fifteen"
4	"Teardrops On My Guitar"
5	"Our Song"
6	"Today Was a Fairytale"
7	"Love Story"
8	"Hey Stephen"
9	"Tell Me Why"
10	"The Best Day"
11	"Fearless"
12	"Forever & Always"
13	"Picture to Burn"
14	"Should've Said No"

SPEAK NOW: WORLD TOUR LIVE

Lançamento: 21 de novembro de 2011
Duração: 139 minutos
Distribuição: Big Machine Records
Formato: DVD e Blu-Ray

Speak Now: World Tour Live reúne uma série de perfomances de Taylor Swift na turnê de divulgação de seu terceiro álbum de estúdio, *Speak Now*. Além do DVD e do Blu-Ray, também foi lançado um CD da turnê, com dezesseis músicas. A versão em vídeo tem dezoito músicas, além de conteúdo extra. Uma edição especial distribuída pela rede de varejo Target contém cinco músicas extras, além de bastidores da gravação do clipe da canção "Mean".

MÚSICAS DO DVD

Nº	Título	Duração
1	Sparks Fly	7:27
2	Mine	4:19
3	The Story of Us	8:02
4	Our Song	8:11
5	Mean	5:26
6	Back to December/Apologize/You're Not Sorry	7:43
7	Better Than Revenge	5:45
8	Speak Now	8:08
9	Fearless/I'm Yours/Hey, Soul Sister	5:53
10	Last Kiss	9:10
11	Drops of Jupiter	5:13
12	You Belong With Me	7:40
13	Dear John	6:43
14	Enchanted	8:59
15	Haunted	6:33
16	Long Live	8:01
17	Fifteen	7:16
18	Love Story	8:46

CONTEÚDO EXTRA

19	Home Movies	5:05
20	Ensaio para Speak Now World Tour	5:09

CONTEÚDO EXTRA: EDIÇÃO TARGET

17	Ours	5:36
18	Fifteen	7:16
19	Love Story	8:46
20	Nashville	5:57
21	Sweet Escape	3:22
22	On The Set With Taylor Swift: Mean	20:43
23	Home Movies	5:05
24	Ensaio para Speak Now World Your	5:09

CLIPES

Taylor Swift já gravou 25 clipes de músicas de seus álbuns de estúdio. Além disso, realizou dois clipes com canções de filmes em que atuou e teve participação especial em três vídeos de outros artistas. Saiba mais sobre todos eles:*

TIM MCGRAW

Este é o primeiro clipe da cantora, realizado para divulgar o primeiro single de seu álbum de estreia. Dirigido por Trey Fanjoy, o par romântico de Taylor no vídeo foi interpretado por Clayton Collins, escolhido por sua semelhança física com o verdadeiro cara retratado na canção, Brandon Borello. Ambos tinham a mesma altura e também cabelos escuros. Lançado em 22 de julho de 2006, o clipe recebeu o prêmio Revelação do Ano no CMT Music Awards em 2007 e já teve mais de 23,1 milhões de visualizações no YouTube no canal oficial da cantora.

TEARDROPS ON MY GUITAR

Novamente com direção de Trey Fanjoy, o segundo clipe de Taylor foi gravado em apenas um dia, na Hume-Fogg High

* Os dados desse capítulo têm como base as pesquisas feitas até o fechamento dessa edição. (N.E.)

School, um colégio na cidade de Nashville. Para filmar a história do amor não correspondido por Drew, Taylor escolheu o ator e músico Tyler Hilton, da série *One Tree Hill*. Em uma entrevista, Hilton havia declarado ser fã das músicas da cantora. Por conta disso, o empresário de Taylor ligou para Tyler, que disse que tinha comprado seu CD e que havia gostado das músicas. Hilton, então, foi a um show da cantora na Califórnia e lá foi convidado por ela a participar do clipe, interpretando Drew. As cenas foram gravadas na biblioteca, no laboratório de química e em um corredor do colégio. Alguns estudantes participaram como figurantes. A sala de teatro da escola foi modificada para imitar um quarto, onde a cantora aparece deitada com seu violão. Durante as gravações, ela afirmou: "É meio estranho voltar à escola, porque eu não vou a uma há um ano. Então, é interessante estar de volta, ver os armários, com os avisos e comunicados, todas essas coisas. Estar no colégio de novo é um pouco estranho, mas de uma forma boa". Abigail Anderson, melhor amiga de Taylor, e Austin, irmão da cantora, também aparecem como figurantes. O vídeo já foi visto mais de 50,6 milhões de vezes no YouTube, sendo lançado em 2007.

OUR SONG

O terceiro clipe de Taylor teve as cenas imaginadas pela própria cantora, que as apresentou a Fanjoy, com quem trabalhou mais uma vez. De acordo com a diretora, "saiu tudo da cabeça dela. Ela foi capaz de traduzir muito bem isso em filme. Isso mostra como ela é boa diretora". O projeto foi pensado para ser fantasioso e surreal. O clipe alterna cenas de Taylor conversando ao telefone, pintando suas unhas; em uma varanda, onde usa um vestido azul e cabelo encaracolado; deitada em uma cama repleta de rosas, segurando um cartão; e usando um vestido preto, botas de caubói e luvas pretas, cantando com uma banda em frente a um fundo branco, tocando violão. O clipe foi divulgado em 14 de setembro de 2007 e conquistou os prêmios de Vídeo do Ano e Vídeo Feminino do Ano no CMT Music Awards de 2008. No YouTube, já foi acessado mais de 69,1 milhões de vezes.

I'M ONLY ME WHEN I'M WITH YOU

Clipe especial de Taylor Swift, não foi produzido para um single como os anteriores. O vídeo é uma colagem de imagens caseiras da cantora com seus pais e seus amigos, gravações em viagens e também nos bastidores e durante shows na divulgação de seu álbum de estreia. Foi lançado no ano de 2008, no DVD que acompanha o EP *Beautiful Eyes* e já alcançou 20 milhões de exibições no YouTube.

PICTURE TO BURN

Mais uma vez com direção de Trey Fanjoy, o clipe de "Picture to Burn" foi gravado em dois dias, sendo o primeiro no interior do Sommet Center (hoje Bridgestone Arena) e em uma casa no subúrbio de Nashville. Para Taylor, "o conceito do vídeo fala que se você romper comigo, minha banda irá revistar sua casa". O jogador de futebol americano Justin Sandy foi escolhido para interpretar o ex-namorado da cantora no vídeo. Abigail Anderson também faz uma participação especial. Durante as gravações, a cantora revelou ter ficado nervosa, pois seria a primeira vez que trabalharia com pirotecnia. Taylor escolheu o próprio figurino e também decidiu como seria sua maquiagem e cabelos no clipe, que foi divulgado em 14 de março de 2008 e assistido no YouTube mais de 38,5 milhões de vezes.

BEAUTIFUL EYES

Lançado no DVD que acompanha o EP Beautiful Eyes, o clipe tem cenas da festa de aniversário de dezoito anos de Taylor, desde sua preparação e maquiagem, até a comemoração em si, em que a cantora encontra sua família e seus amigos, assiste a vídeos da infância e assopra as velas do bolo. O vídeo foi dirigido por Trey Fanjoy e Todd Cassetty. No YouTube, foi visto mais de 5,6 milhões de vezes em um canal não oficial.

CHANGE

Pela primeira vez sem a direção de Fanjoy – Shawn Robbins assumiu o comando desse clipe –, o vídeo de "Change" foi filmado em um salão de festas da Scottish Rite Cathedral, em Indianápolis, estado de Indiana. No clipe, que começa com um close de uma janela vitral da catedral, Taylor canta com sua banda. Uma versão alternativa e não oficial foi divulgada, com imagens da equipe olímpica dos Estados Unidos nos Jogos Olímpicos de 2008 – para quem os lucros da música seriam doados. As duas versões foram divulgadas em agosto de 2008 pelo site da rede de televisão NBC. O vídeo já foi assistido mais de 22,9 milhões de vezes no YouTube.

LOVE STORY

Taylor decidiu trabalhar mais uma vez com Trey Fanjoy, que dirigiu o clipe utilizando cenários com influência de diversas eras, compondo um aspecto atemporal, como queria a cantora. Com seis meses de antecedência, Taylor buscou por atores para interpretar seu interesse romântico no clipe. O escolhido foi Justin Gaston, que participou do reality show *Nashville Star*, da NBC. Ele era um "príncipe encantado que poderia ter vivido em 1800", disse Taylor. As filmagens ocorreram em dois dias. No primeiro, o cenário foi o castelo Gwynn, em Nashville, e no segundo as cenas foram rodadas em um salão de baile na Cumberland University, em Lebanon, próximo a Nashville. Quinze minutos antes da filmagem, a cantora aprendeu a coreografia para a cena do salão, que contou com vinte dançarinos. O clipe foi lançado em 12 de setembro de 2008 e conquistou os prêmios de Vídeo do Ano e Vídeo Feminino do Ano no CMT Music Awards 2009. No YouTube, já teve mais de 128,4 milhões de visualizações.

WHITE HORSE

Outra vez com a direção de Fanjoy, o clipe de "White Horse" foi filmado em apenas um dia em Nashville, em janeiro de 2009. O ator Stephen Colletti foi escolhido por Taylor para representar o namorado no vídeo. Ela já o conhecia do reality show *Laguna Beach: The Real Orange County*, onde reparou que ele era um rapaz "bonito". Porém, após vê-lo em *One Tree Hill*, impressionou-se com sua atuação e Colletti foi contratado. Ela destacou que o ator tinha um "doce e cativante comportamento", assim poderia aparentar ser muito leal, como se fosse incapaz de trair alguém – o tema do clipe. As cenas de Taylor e Colletti se divertindo foram as primeiras a serem rodadas. Depois, foram filmadas as sequências de Taylor em um restaurante, ao ar livre e, por fim, dela chorando sozinha em uma sala de estar. A cena final demorou mais de três horas para ser gravada, já que a cantora não se sentia à vontade em chorar em meio a tantas pessoas lhe observando. Após as orientações de Fanjoy, ela concluiu a cena. Coincidentemente, no dia em que o clipe foi gravado, ocorreu uma forte tempestade, o que contribuiu ainda mais para a sensação sombria do vídeo, que foi lançado em 7 de fevereiro. O clipe foi visto no YouTube mais 60,9 milhões de vezes.

CRAZIER

O videoclipe de "Crazier", dirigido por Peter Chelsom, alterna momentos de Taylor cantando no palco de um celeiro lotado, com cenas de *Hannah Montana: O Filme*, no qual ela faz uma participação especial. Foi exibido pela primeira vez em 28 de março de 2009, no Disney Channel. Já foi assistido mais de 9,8 milhões de vezes no canal da Disney da Dinamarca no YouTube.

YOU BELONG WITH ME

Dirigido por Roman White, o clipe de "You Belong with Me" trouxe uma inovação: Taylor interpretou duas personagens no vídeo, sendo tanto a protagonista como a antagonista, descritas por ela como "uma nerd que está definhando por um cara que não pode ter" e "a garota popular", cuja personalidade é "horrível, assustadora, intimidante e perfeita". Ela comentou que "queria que o vídeo de 'You Belong With Me' fosse uma mistura engraçada e emotiva". O interesse romântico da cantora é interpretado por Lucas Till. Ela o conheceu durante as gravações de *Hannah Montana: O Filme*, do qual também participou. As filmagens ocorreram em dois dias, nas cidades de Gallatin e Hendersonville, ambas no Tennessee. No primeiro dia, Taylor usou uma dublê de corpo, para que as personagens interpretadas por ela pudessem ser filmadas em uma só tomada. A cena no jogo de futebol americano aconteceu no Pope John Paul II High School, onde o irmão de Taylor estudou. A escola disponibilizou muitos estudantes como figurantes, incluindo jogadores de futebol, membros da banda, líderes de torcida e os da cena do baile. Na sequência do *touchdown*, Till não conseguiu pegar a bola durante a gravação da partida, o que exigiu um aumento da parte aérea da cena, demandando maior tempo para a conclusão. O vídeo foi lançado no canal CMT em 2 de maio de 2009 e conquistou o prêmio de Melhor Vídeo Feminino no MTV Video Music Awards daquele ano. No momento em que a cantora subiu ao palco para agradecer pela premiação, foi interrompida pelo rapper Kanye West, provocando um momento bastante constrangedor. No YouTube, o clipe já teve mais de 258,1 milhões de exibições.

THE BEST DAY

O clipe de "The Best Day" foi todo montado com vídeos caseiros da infância de Taylor, que fez a edição do material. As imagens retratam cenas de quando a cantora ainda era bebê, quando era criança e do começo de sua adolescência, focando principalmente sua mãe, Andrea. Há também momentos de Taylor com seu irmão, Austin, desde seu nascimento. O clipe encerra com a frase "I love you mom" (eu te amo, mãe). O lançamento ocorreu em 1° de maio de 2009, poucos dias antes do Dia das Mães. O clipe já foi acessado mais de 4,8 milhões de vezes no YouTube.

FIFTEEN

Novamente com direção de Roman White, o vídeo de "Fifteen" foi pensado de maneira diferente em relação aos outros clipes da cantora. Roman disse que "obviamente, é uma música sobre o ensino médio, mas a última coisa que eu queria fazer era filmá-lo em uma escola secundária". Seu objetivo era capturar a essência da canção, sem se prender totalmente aos versos. O clipe foi gravado quase todo em um espaço de fundo verde, para que os cenários fossem construídos digitalmente, em especial um jardim fictício, que muda de acordo com as emoções cantadas na música. Abigail Anderson, melhor amiga da cantora e que serviu de inspiração para a música, participou do clipe. Taylor inclusive elogiou o trabalho de atuação da amiga, considerando a falta de experiência. Na cena final, na escola, foi utilizada chuva artificial. O vídeo estreou no CMT em 9 de outubro de 2009 e já soma mais de 62,8 milhões de exibições no YouTube.

TWO IS BETTER THAN ONE

O videoclipe da música do grupo Boys Like Girls, dirigido por Meiert Avis, tem a participação de Taylor Swift apenas com sua voz. Lançado em 11 de dezembro de 2009, totaliza 8,3 milhões de visualizações no YouTube.

FEARLESS

O clipe de "Fearless" foi dirigido por Todd Cassetty e exibe uma colagem de cenas de bastidores e de shows de Taylor durante a *Fearless Tour*. Na primeira cena, ela diz à sua banda antes de entrar no palco: "Pessoal, essa turnê tem sido a melhor experiência de toda a minha vida". O lançamento do clipe ocorreu em 17 de fevereiro de 2010 no CMT. O vídeo já tem mais de 19,4 milhões de visualizações no canal oficial de Taylor no YouTube.

MINE

O primeiro clipe do álbum *Speak Now* teve a direção de Roman White e codireção da própria Taylor. O ator Toby Hemingway foi o escolhido para ser o par romântico da cantora no clipe. Ele foi selecionado após Taylor assistir ao filme *Banquete do amor*, do qual ele participa. Jaclyn Jarrett, filha do lutador Jeff Jarrett, interpreta a artista na fase pré-adolescente. White define o vídeo como "uma grande viagem no tempo, o que poderia explicar como essas duas crianças [Swift e Hemingway] acabaram tendo suas próprias crianças no final". As filmagens ocorreram em Kennebunkport e Cape Elizabeth, no estado do Maine. A cena do casamento foi realizada na igreja Christ Church. A estreia do clipe aconteceu no canal CMT, em 27 de agosto de 2010. Dois dias antes, no entanto, uma cópia de baixa qualidade vazou na Internet. Taylor voltou a Kennebunkport, para conferir o lançamento do clipe com moradores locais, o que atraiu cerca de oitocentas pessoas, entre elas o ex-presidente dos Estados Unidos, George W. Bush, que levou seus netos para ver a cantora. No YouTube, o vídeo já tem mais de 124,5 milhões de visualizações.

BACK TO DECEMBER

Com direção de Yoann Lemoine, que dirigiu o clipe de "Teenage Dream", de Katy Perry, "Back To December" foi filmado em dezembro de 2010, poucos dias antes do Natal. Lemoine disse que desenvolveu a ideia do clipe depois de se inspirar no filme *ET – O extraterrestre*. Ele também afirmou que "queria trabalhar com a frieza de sentimentos de uma forma muito visual, brincando com a neve, a distância e a tristeza". O modelo Guntars Asmanis foi o intérprete do interesse amoroso de Taylor no vídeo. As filmagens da escola e do estádio de beisebol foram realizadas em Binghamton, Nova York. Já as cenas com a cantora foram gravadas em uma antiga mansão fora de Nashville. A estreia aconteceu no CMT em 13 de janeiro de 2011. O vídeo atingiu mais de 46 milhões de exibições no YouTube.

MEAN

O vídeo de "Mean" foi dirigido por Declan Whitebloom que, junto a Taylor, desenvolveu o conceito do clipe, bastante pessoal para ela. As filmagens ocorreram por dois dias em Los Angeles, tendo o Orpheum Theatre como pano de fundo. Em destaque no clipe, está a atriz mirim Joey King, que interpreta um dos personagens que sofrem *bullying*. O lançamento ocorreu no CMT em 6 de maio de 2011. No YouTube, o vídeo acumula 58,6 milhões de visualizações.

THE STORY OF US

O clipe foi filmado na biblioteca da Universidade de Vanderbilt, em Nashville, e teve a direção de Noble Jones. Durante as gravações, a cidade foi atingida por tornados, o que provocou momentos de tensão. Taylor, porém, encarou tudo de forma natural: "Tivemos que nos esconder, todos nós, em uma sala que não tinha janelas. Foi um pouco louco. Tirando isso, foi incrivelmente divertido". A respeito do vídeo, ela afirmou: "Quando estou no palco ou assisto ao vídeo da música, a primeira coisa que me vem à mente é a pessoa para quem eu escrevi a música. A primeira coisa que você pensa é o momento que inspirou a canção, que é doloroso". O clipe foi divulgado na MTV em 24 de maio de 2011 e já foi visto mais de 38,4 milhões de vezes no YouTube.

SPARKS FLY

Com direção de Christian Lamb, o clipe é uma compilação de momentos de apresentações de Taylor durante a

Speak Now World Tour. Muitas das imagens foram capturadas em quatro locais diferentes. A cena do show na chuva foi filmada em um estádio no verão. É o único clipe com cenas de turnê que não leva o nome do álbum. O lançamento aconteceu no site oficial de Taylor, no dia 10 de agosto de 2011. No YouTube, o vídeo teve mais de 17,6 milhões de exibições.

OURS

O conceito do clipe de "Ours" foi pensado pela própria Taylor. "Eu tinha uma ideia muito definida do que queria para este vídeo". Declan Whitebloom, que dirigiu o clipe, disse que "quando Taylor diz: 'eu tenho uma ideia', você tem que ouvir o que ela tem a dizer. E foi o que eu fiz, foi uma grande ideia e eu amei isso!". O namorado da cantora foi interpretado por Zach Gilford, conhecido pela série *Friday Night Lights*. O videoclipe foi gravado em dois dias e divulgado pelo canal E! em 2 de dezembro de 2011. No YouTube, já teve mais de 15,1 milhões de visualizações.

SAFE & SOUND

Com direção de Philip Andelman, este vídeo foi produzido como parte da divulgação de "Safe & Sound", música da trilha sonora do filme *Jogos Vorazes*. As gravações ocorreram em uma floresta, em um cemitério e em uma cabana de madeira em Watertown, no Tennessee, com a participação do grupo The Civil Wars. Durante as filmagens, ela comentou: "Estou muito animada com isso. Este é provavelmente o meu vídeo favorito dentre os que eu já cheguei a fazer. O meu favorito disparado". Taylor comentou ainda que o clipe possui várias referências à série *Jogos Vorazes* e completou: "Eu senti como se estivesse realmente precisando prestar uma homenagem a este filme e contar essa história". A cena em que Taylor está sobre um túmulo foi gravada em uma sepultura de 1853 pertencente a um casal. A cantora passou bastante frio durante as filmagens externas, por estar descalça e usando um vestido branco sem mangas. O clipe foi exibido pela MTV no dia 13 de fevereiro de 2012, com transmissão simultânea para Canadá, Europa, América Latina, Ásia, Austrália e África. No YouTube, teve mais de 38,5 milhões de visualizações.

BOTH OF US

Clipe do rapper B.o.B., que conta com a participação especial de Taylor Swift. Dirigido por Jake Nava, as gravações ocorreram em Nashville. O vídeo alterna cenas de B.o.B. e Taylor. Foi lançado em 27 de junho de 2012 pelo canal oficial do cantor no YouTube e já acumula 24,3 milhões de exibições.

WE ARE NEVER EVER GETTING BACK TOGETHER

Mais uma vez com direção de Declan Whitebloom, as gravações do clipe ocorreram nos estúdios da Sony Pictures, em Culver City, Califórnia. O vídeo foi filmado em uma tomada única com uma câmera Sony F65 CineAlta e foi o primeiro videoclipe da história capturado em resolução 4K. Taylor queria que o clipe fosse "peculiar como o som da canção". Para a gravação, ela teve que ensaiar diversas vezes e realizar muitas mudanças de roupas. Foram ao todo dezoito tentativas até se chegar ao resultado final. O namorado de Taylor no clipe é interpretado pelo modelo e ator Noah Mills. A estreia ocorreu em 30 de agosto de 2012 na CMT, MTV e TeenNick. O videoclipe soma mais de 173,7 milhões de exibições no YouTube.

BEGIN AGAIN

O vídeo de "Begin Again" foi gravado em Paris, na França, com direção de Philip Andelman. Taylor descreveu o clipe como "uma carta de amor a Paris" e explicou que é porque tem "apenas a cidade e essa história de alguém seguindo em frente e encontrando algo novo". As cenas foram rodadas em uma cafeteria e várias locações externas da capital francesa. A estreia do clipe ocorreu em 23 de outubro de 2012. No YouTube, registrou mais de 35,5 milhões de visualizações.

I KNEW YOU WERE TROUBLE

Com direção de Anthony Mandler, as gravações do clipe se deram em Los Angeles, em meados de novembro de 2012, com Taylor utilizando-se de um visual mais "rocker". O interesse romântico da cantora no vídeo é interpretado por Reeve Carney, que atuou como Peter Parker na adaptação para a Broadway de *Homem-Aranha*. Lauren Machernis foi dublê de corpo da cantora no clipe, que é o primeiro de Taylor com uma introdução de mais de um minuto com um monólogo, sem música. O vídeo foi lançado pela MTV em 13 de dezembro e visto mais de 129,9 milhões de vezes no YouTube.

22

Novamente com Anthony Mandler atrás das câmeras, o clipe de "22" foi filmado em fevereiro de 2013, em Malibu, Califórnia. Para esse clipe, Taylor convidou suas amigas para participar, entre elas a atriz Jessica Szohr, que integrou o elenco de *Gossip Girl*. Um dos figurinos utilizados por Taylor é idêntico ao que seu ex-namorado, Harry Stiles, do One Direction, usou uma vez. Por causa disso, surgiram boatos de que o coração partido no vídeo seria por causa do cantor. A estreia do vídeo aconteceu no programa *Good Morning America*, da rede de televisão ABC, em 13 de março. No YouTube, já foi exibido mais de 86,5 milhões de vezes.

HIGHWAY DON'T CARE

Dirigido por Shane Drake, o clipe alterna cenas com atores, além daquelas em que Tim McGraw e Taylor Swift aparecem interpretando a canção, que conta com Keith Urban na guitarra. As gravações ocorreram em Nashville. Foi lançado em 6 de maio de 2013 no canal de McGraw no YouTube, onde obteve mais de seis milhões de acessos.

EVERYTHING HAS CHANGED

Com direção de Philip Andelman e Giles Dunning, o clipe da cantora em parceria com Ed Sheeran retrata duas crianças, muito parecidas com Taylor e Sheeran, que aparecem ao final do vídeo como os pais dessas crianças. Taylor revelou que esse foi um de seus clipes favoritos. As crianças foram escolhidas por ela e por Sheeran. O clipe estreou no canal oficial de Taylor no YouTube em 5 de junho de 2013 e já foi visto mais de 27,5 milhões de vezes.

RED

Assim como em "Fearless" e "Sparks Fly", este é mais um clipe de Taylor com imagens registradas em turnê, no caso durante os shows da *Red Tour*. A direção ficou por conta de Kenny Jackson. A estreia ocorreu em seu canal do YouTube, em 3 de julho de 2013. O videoclipe foi exibido mais de 8,1 milhões de vezes.

Taylor participou ainda de um pequeno videoclipe especial para o CMT Music Awards de 2009, ocasião em que venceu o prêmio de Vídeo do Ano por "Love Story". O clipe, chamado "Thug Story", mostra Taylor em uma situação bastante diferente do habitual. Vestindo boné, roupas folgadas e usando correntes de ouro, a cantora encarna uma rapper, em parceria com o autêntico rapper T-Pain. Na paródia, ela brinca com sua própria vida, de uma garota que "ainda mora com os pais" e fica "assando biscoitos à noite", mas ainda assim pode virar "*gangsta*", ou a T-Swizzle.

Taylor Swift arrasando, como sempre, durante o CMA Music Festival em 2013 em Nashville, Tennessee.

Christopher Polk/ Staff/ Getty Images

TURNÊS

Taylor Swift já realizou três turnês próprias: *Fearless Tour*, *Speak Now World Tour* e, atualmente, a *Red Tour*. Suas primeiras apresentações em turnê, entretanto, ocorreram como artista de abertura para shows de outros cantores, logo depois do lançamento de seu primeiro álbum, *Taylor Swift*. Por seis meses, Taylor promoveu seu álbum nas rádios. Ela comenta: "Turnês de rádio, para a maioria dos artistas, duram seis semanas. A minha durou seis meses. Isso porque eu quis. Eu queria conhecer cada uma das pessoas que estavam me ajudando". Em 2006 e 2007, ela abriu shows em turnês de vários artistas da música country. Entre 19 de outubro e 3 de novembro de 2006, abriu a *Me and My Gang Tour*, dos Rascal Flatts, tocando cinco faixas de seu álbum. Taylor também abriu a turnê de George Strait nos Estados Unidos em vinte ocasiões e todos os shows da turnê de Brad Paisley, em 2007. Nesse mesmo ano, participou da *Soul2Soul Tour*, turnê conjunta de Tim McGraw e Faith Hill, também realizando a abertura. Em 2008, voltou a abrir para os Rascal Flatts, na *Still Feels Good Tour*.

FEARLESS TOUR

Data de início: 23 de abril de 2009
Data de término: 5 de junho de 2010

Fearless Tour foi a primeira grande turnê de Taylor, que durou quase quinze meses, realizando um total de 106 shows na América do Norte, Europa, Oceania e Ásia, para a divulgação do álbum *Fearless*. A arrecadação total foi de 172,7 milhões de dólares.

A turnê foi anunciada em 29 de janeiro de 2009 pelo site oficial de Taylor. Em comunicado para a imprensa, ela revelou que visitaria 54 cidades em 39 estados e províncias nos Estados Unidos e Canadá. Para os shows de abertura, foram escaladas Kellie Pickler e Gloriana. O primeiro show foi realizado no Roberts Municipal Stadium, em Evansville, Indiana, em 23 de abril de 2009, com ingressos esgotados. A cantora recebeu a chave da cidade e o presidente do conselho local declarou aquele dia 23 de abril como Taylor Swift Day.

A turnê teve uma apresentação teatral de gráficos, conjuntos e elementos visuais pensados pela própria Taylor, inspirada em coisas que ela acha fascinante, como troca de figurinos, coisas que brilham, glitter e elementos surpresa. O design do palco é parte da cena e funciona como se fosse em um teatro. Cada cenário incorpora coisas que Taylor via enquanto escrevia suas músicas.

No final de junho daquele ano, foram anunciados dois shows no Reino Unido, em 23 de novembro na Wembley Arena, em Londres, e em 24 de novembro, no Manchester Evening News Arena, em Manchester. O show no Wembley foi aberto pelo cantor Justin Bieber. Durante a apresentação, ele quebrou o pé ao cantar "One Time", mas ainda assim terminou a canção. Apesar disso, conseguiu se apresentar em Manchester. Em setembro, foram anunciados shows na Austrália durante fevereiro de 2010, somente em arenas. E em 8 de outubro, foi divulgado que a turnê seria estendida até 5 de junho de 2010, com mais 37 shows na América do Norte, sendo o último deles no Gillette Stadium, em Foxboro, Massachusetts, com a participação de Justin Bieber.

SETLIST – SHOWS DE ABERTURA

Gloriana (América do Norte e Austrália):	
1	"How Far Do You Wanna Go?"/"Go Your Own Way"
2	"If You're Leavin'" (Foxboro)
3	"You Said"
4	"Lead Me On"
5	"The Way It Goes"
6	"The World Is Ours Tonight" (Foxboro)
7	"Wild at Heart"
Kellie Pickler (América do Norte):	
1	"Best Days of Your Life"
2	"Things That Never Cross a Man's Mind"
3	"Rocks Instead of Rice"
4	"Makin' Me Fall in Love Again"
5	"Didn't You Know How Much I Loved You"
6	"Don't You Know You're Beautiful"
7	"I Wonder"
8	"Red High Heels"

Justin Bieber (Reino Unido e Foxboro):	
1	“Love Me”
2	“Bigger”
3	“One Less Lonely Girl”
4	“Favorite Girl”
5	“Never Let You Go”
6	“Down to Earth”w
7	“One Time”
8	“With You” (cover de Chris Brown)

SETLIST – TAYLOR SWIFT

1	“You Belong with Me”
2	“Our Song”
3	“Tell Me Why”
4	“Teardrops On My Guitar”
5	“Fearless”
6	“Forever & Always”
7	“Hey Stephen”
8	“Fifteen”
9	“Tim McGraw”
10	“White Horse”
11	“Love Story”
12	“The Way I Loved You”
13	“You’re Not Sorry” (com elementos de “What Goes Around... Comes Around”, de Justin Timberlake)
14	“Picture to Burn”

BIS

1	“I’m Only Me When I’m With You” (em 2009, com Kellie Pickler e Gloriana) / “Today Was a Fairytale” (2010)
2	“Should’ve Said No”

Total de shows: 106. Estados Unidos (84), Austrália (8), Canadá (7), Reino Unido (6) e Japão (1).

FIGURINOS

Para a abertura do show, Taylor usava uma fantasia de "banda marcial escolar", que durante "You Belong With Me" era arrancada pelos dançarinos, revelando um vestido cinza brilhante, com o qual cantava "Our Song", "Tell Me Why", "Teardrops on My Guitar" e "Fearless". Em "Forever & Always", a cantora usava um belo vestido vermelho brilhante. Para as próximas quatro músicas, "Hey Stephen", "Fifteen", "Tim McGraw" e "White Horse", ela vestia duas peças: uma amarela, na primeira fase da turnê, que foi trocada por uma azul. Em "Love Story", ela surgia no palco com um vestido longo vermelho que lembrava a época medieval e as festas no castelo. Durante a música, ela trocava de figurino por um vestido branco mais simples e moderno, representando uma transição da época medieval para a época moderna. Nas últimas canções, de "The Way I Loved You" a "Change", ela se apresentava com um vestido preto brilhante nos seus primeiros shows, que depois foi substituído por um vestido roxo também brilhante. Para o bis, o figurino era um vestido preto feito pelo estilista Marc Bouwer.

CURIOSIDADES

- Os ingressos para os shows esgotavam em tempo recorde, de forma quase instantânea. Em 6 de fevereiro de 2009, foram colocados à venda bilhetes para o show de 22 de maio no Staples Center, em Los Angeles. As vendas encerraram em dois minutos. Para o show do Madison Square Garden, em 27 de agosto de 2009, todos os ingressos foram vendidos em apenas um minuto.
- Katy Perry e John Mayer participaram de dois shows de Taylor, como convidados especiais. Katy cantou "Hot 'N' Cold" no dia 15 de abril de 2009, em Los Angeles, no Staples Center. Mayer apresentou "Your Body is a Wonderland" e "White Horse" com Taylor no dia 22 de maio, também no Staples Center.
- Bastidores e apresentações de Taylor na *Fearless Tour* podem ser vistos no DVD *Taylor Swift: Journey to Fearless*, um especial da Hub com três episódios, mostrando como foi a série de shows da cantora.

SPEAK NOW WORLD TOUR

Data de início: 9 de fevereiro de 2011
Data de término: 18 de março de 2012

Esta foi a segunda turnê de Taylor, que realizou 111 shows na América do Norte, Europa, Ásia e Oceania, durante pouco mais de um ano, gerando uma arrecadação de cerca de 123,1 milhões de dólares. O anúncio da turnê de divulgação do álbum *Speak Now* foi feito pela própria cantora, em um comunicado à imprensa veiculado em 23 de novembro de 2010. Ela declarou estar ansiosa para encontrar seu público durante as viagens:

> *Eu estou tão ansiosa para sair em turnê novamente em 2011! A* Fearless Tour *foi muito divertida e ainda mais inesquecível do que eu poderia ter imaginado, e eu mal passo esperar para sair por aí tocando minhas novas músicas do* Speak Now. *Os fãs têm sido tão incríveis e por isso estou muito animada para tocar em novas cidades ao redor do mundo e assim conhecer ainda mais fãs em 2011!*

A *Speak Now World Tour* envolveu um total de 130 pessoas na produção, entre equipe, performers, assistentes, seguranças, agenciados e produtores, que viajaram em 21 caminhões e 13 ônibus. Sessenta e duas toneladas de equipamentos foram utilizadas. Noventa instrumentos viajaram com a turnê. Cento e cinquenta figurinos foram confeccionados para o elenco, cada um com uma peça reserva, para reparos e limpezas, resultando em trezentos figurinos. O palco dos shows incluía uma tela de vídeo imensa, para garantir que todos os fãs tivessem uma experiência e visão única do show. As inspirações mais uma vez possuem raízes no teatro, em que tudo faz parte da cena.

O primeiro show da turnê foi realizado em 9 de fevereiro de 2011, no Singapore Indoor Stadium, em Singapura, reunindo quase dez mil pessoas. Até fevereiro, a cantora seguiu com apresentações na Coreia do Sul, Japão, Filipinas e Hong Kong. A partir de março, fez onze shows pela Europa, o último deles na MEN Arena, em Manchester, Reino Unido. Entre maio e novembro, seguiu em turnê pelos Estados Unidos e Canadá. A última parte da turnê aconteceu em março, com doze shows na Austrália e Nova Zelândia.

Em alguns de seus shows, Taylor se apresentou com outros artistas e grupos conhecidos, como Jason Mraz, Justin Bieber, The Beach Boys, Nicki Minaj, Goo Goo Dolls, Hayley Williams (do Paramore), Selena Gomez, B.o.B., Usher, entre outros.

SHOWS DE ABERTURA
Ásia, Europa e Oceania:
Sezairi Sezali (Singapura)
Sam Concepcion (Filipinas)
Johnny Saito (Japão e Hong Kong)
Tom Dice (Bélgica e Holanda)
Ryan Sheridan (Irlanda e Irlanda do Norte)
Emma Marrone (Itália)
Martin and James (Alemanha e Inglaterra)

The Bright Sound (Espanha)
Double Bed (França)
Hot Chelle Rae (Austrália e Nova Zelândia)
América do Norte:
Needtobreathe
Frankie Ballard
Danny Gokey
Hunter Hayes
Josh Kelley
Randy Montana
James Wesley
Charlie Worsham

SETLIST

Ásia/Europa:	
1	“Sparks Fly”
2	“Mine”
3	“The Story of Us”
4	“Back to December” (medley com “Apologize” e “You’re Not Sorry”)
5	“Better Than Revenge”
6	“Speak Now”
7	“Fearless” (medley com “Hey, Soul Sister” e “I’m Yours”)
8	“Fifteen”
9	“You Belong With Me”
10	“Dear John”
11	“Enchanted”
12	“Long Live”
13	“Love Story”

América do Norte/Oceania:	
1	"Sparks Fly"
2	"Mine"
3	"The Story of Us"
4	"Our Song"
5	"Mean"
6	"Back to December" (medley com "Apologize" e "You're Not Sorry")
7	"Better Than Revenge"
8	"Speak Now"
9	"Fearless" (medley com "Hey, Soul Sister" e "I'm Yours")
10	"Last Kiss" (antecedida de "Ours" na Oceania)
11	"You Belong with Me"
12	"Dear John"
13	"Enchanted"
14	"Haunted"
15	"Long Live"

BIS	
1	"Ours" (América do Norte) / "Safe & Sound" (Oceania)
2	"Fifteen"
3	"Love Story"

Além das músicas do setlist, Taylor fazia covers de diversas canções em cada apresentação quando estava no Palco B. Ela costumava cantar uma música de um artista que nasceu na cidade onde o show estava sendo realizado. Entre os covers, estão músicas como "Complicated" (Avril Lavigne), "Livin' On a Prayer" (Bon Jovi), "Lose Yourself" (Eminem), "This Love" (Maroon 5), "Drops of Jupiter" (Train), "Lucky" (Britney Spears), "Sweet Escape" (Gwen Stefani) e muitas outras.

Total de shows: 111. Estados Unidos (73), Austrália (9), Canadá (7), Japão (4), Reino Unido (4), Nova Zelândia (3), Alemanha (1), Bélgica (1), China (1), Coreia do Sul (1), Espanha (1), Filipinas (1), França (1), Holanda (1), Irlanda (1), Itália (1), Noruega (1) e Singapura (1).

FIGURINOS

Na *Speak Now World Tour,* Taylor usou vários vestidos, alguns de estilistas famosos. O primeiro deles, cor de bronze, foi desenhado por Roberto Cavalli e era usado entre "Sparks Fly" e "The Story of Us". Para "Our Song" e "Mean", ela vestia uma peça mais simples, branca, desenhada por Marc Jacobs, proporcionando-lhe um visual mais "caipira". Em "Back to December", entrava em cena uma criação de Marchesa, estilista especializada em vestidos de noiva. Para "Better Than Revenge", Taylor queria algo mais ousado e, por isso, escolheu um vestido vermelho feito por Jenny Packham. Entre "Speak Now" e "Dear John", a opção era um vestido lilás. Para "Enchanted", ela e seus dançarinos vestiam roupas assinadas por Reem Acra. Outro vestido vermelho era usado por Taylor em "Haunted". Jenny Packham retornava ao palco na forma de um vestido preto com detalhes brilhantes em "Long Live", que Taylor tocava com um violão brilhante da Swarovski. Para a parte final do espetáculo, de "Ours" a "Love Story", a cantora se apresentava com um vestido de Valentino.

CURIOSIDADES

- Pouco antes de entrar em turnê, Taylor realizou um show especial no transatlântico *Allure of The Seas*, que atravessava as águas do caribe e atracara em Cozumel, no México. Taylor cantou para 750 dos 5.400 passageiros do cruzeiro, em uma apresentação que foi nomeada como *The Allure of Taylor Swift*.
- Em cada show, Taylor escrevia em seu braço a letra de algumas músicas de artistas que iam desde U2, Faith Hill, Eminem, Tim McGraw, Neil Young, Guns N' Roses, Coldplay, até Nina Simone e Bruce Springsteen.
- A turnê foi registrada em áudio e vídeo, sendo lançada no material *Speak Now: World Tour Live*, que contém dezesseis músicas na versão em CD, dezoito na versão em DVD, e também possui conteúdo extra como os ensaios da turnê.

RED TOUR

Data de início: 13 de março de 2013

Data de término (sujeita a alteração): 11 de fevereiro de 2014

O anúncio de que Taylor sairia em turnê mais uma vez foi feito no dia 25 de outubro de 2012 no especial *All Access Nashville* com Katie Couric, da rede de TV ABC News. Inicialmente, foram marcados 72 shows na América do Norte e na Oceania para a *Red Tour*. No entanto, é possível que a turnê passe por outros países, inclusive pelo Brasil. Em entrevista ao *Fantástico*, da Rede Globo, Taylor disse esperar que a turnê visite o país, porém como já há datas marcadas até o fim do ano na Oceania, uma possível passagem aconteceria apenas em 2014.

Como em suas turnês anteriores, o conceito dos palcos foi pensado pela própria Taylor. O planejamento começou a ser feito em junho de 2012. A cantora diz que imaginava a *Red Tour* como se ocorresse em Nova York, enquanto que a *Speak Now* habitava um universo com a cara de *Sonho de uma Noite de Verão* e *Romeu e Julieta*. Na *Red Tour* há menos contos de fadas e algo mais próximo da realidade, com todas as emoções que simbolizam o álbum, representadas pela cor vermelha, que

Em um evento para a divulgação do recorde de número de shows esgotados de um artista Solo no *Staples Center* em agosto de 2013, Taylor ultrapassou Madonna, Justin Timberlake e Britney Spears.

Kevin Winter/Staff/ Getty Images

dá nome ao disco. Na parte final, entretanto, há alguns elementos circenses.

Os primeiros shows foram realizados no CenturyLink Center em Omaha, Nebraska, em 13 e 14 de março, reunindo quase 28 mil pessoas. Até o dia 21 de setembro, Taylor se apresentou nos Estados Unidos, sempre com Ed Sheeran na abertura, além de outros artistas como Casey James, Austin Mahone, Brett Eldredge e Florida Georgia Line. Entre 29 de novembro e 14 de dezembro, acontecerão seis shows na Nova Zelândia e Austrália. Algumas apresentações da turnê contaram com participações especiais de alguns cantores, como Nelly, Tyler Gleen (Neon Trees), Patrick Monahan (Train) e B.o.B.

SETLIST

1	"State of Grace"
2	"Holy Ground"
3	"Red"
4	"You Belong with Me"
5	"The Lucky One"
6	"Mean"
7	"Stay Stay Stay"/"Ho Hey" (cover de The Lumineers)
8	"22"
9	Canções variadas, que mudam a cada show
10	"Everything Has Changed" (com Ed Sheeran)
11	"Begin Again"
12	"Sparks Fly"
13	"I Knew You Were Trouble"
14	"All Too Well"
15	"Love Story"
16	"Treacherous"
17	"We Are Never Ever Getting Back Together"

FIGURINOS

Para as primeiras músicas, Taylor usa um short preto e uma blusa de renda clara, além de sapatos vermelhos, figurino inspirado nas apresentações de divulgação de *Red*. Em "The Lucky One", ela troca de roupa e usa um vestido vermelho mais sexy. Para "Mean" e "Stay Stay Stay", o figurino muda mais uma vez, agora uma camisa vermelha e saia branca comprida, com botas vermelhas de cano curto. A partir de "22" e na parte acústica do show, Taylor usa peças mais leves, como calça vermelha e camisa listrada. Para "I Knew You Were Trouble", é a vez de uma roupa mais despojada, um figurino preto. A cor permanece para "All Too Well", porém, sob a forma de um vestido. O vestido fica longo e muda para branco na canção "Love Story". Na última parte do show, Taylor usa uma saia tipo bailarina em "Treacherous" e um figurino circense para a música final, "We Are Never Ever Getting Back Together".

CURIOSIDADE

- Com os shows da *Red Tour*, Taylor bateu o recorde de apresentações com todos os ingressos esgotados no Staples Center, principal arena de Los Angeles. Ao todo, foram onze shows com lotação máxima, sendo este o melhor desempenho para uma artista solo.

BANDA

Taylor no ultimo show da turnê *Red* na América do Norte, ela tocou para uma multidão de mais de 14 000 fãs em Nashville, onde tudo começou.

Larry Busacca/TAS/ Getty Images

Taylor Swift tem uma banda que a acompanha em seus shows nas turnês pelo mundo e também em seus clipes. São conhecidos como The Agency, nome que surgiu após o vídeo da música "Picture to Burn", em que os integrantes da banda aparecem como se fossem espiões da CIA, a agência de inteligência dos Estados Unidos. Fazem parte atualmente da banda, além da própria Taylor, que canta, toca violão, piano, banjo, ukulele e guitarra:

Grant Mickelson – guitarra

Nascido em 30 de abril de 1984, em Sioux City, Iowa, Grant toca guitarra e também bandolim. Apaixonado pelo instrumento, foi para o Texas, onde se formou em Estudos de Jazz pela University of North Texas. Em 2004, mudou-se para Nashville, estudou música na Belmont University e teve seu primeiro contato com a indústria musical. Começou a trabalhar com Taylor Swift em 2007, integrando a equipe da turnê da cantora. Além dela, já fez turnês com outros artistas country, como Sara Evans e Carolyn Dawn Johnson, além de ter tocado guitarra para Lady Antebellum e Damon Smith. É conhecido como o cara dos cabelos com penteados nada convencionais.

Twitter: @Grantmickelson

Paul Sidoti – guitarra e vocal

Sidoti nasceu em Cleveland, Ohio. Aos cinco anos, começou a tocar violão. Aprendeu a tocar teclado, baixo e bateria sozinho. Ele também teve aulas de saxofone e começou a cantar e tocar em bandas de rock formadas por ele mesmo aos quatorze anos. Logo depois, escreveu e cantou suas próprias canções. Com a ajuda de seus pais, montou seu estúdio de gravação, aos dezessete anos. Compondo, gravando e tocando todos os instrumentos em suas demos, ele produziu um CD com dez músicas e se mudou para Los Angeles, depois de completar seu primeiro ano na Ohio State University e na Western Michigan University, onde se formou em Estudos de

Jazz. Em LA, obteve licenciatura em engenharia de gravação. No outono de 2000, mudou-se para Nashville, onde conheceu grandes compositores da cidade. Alguns anos depois, veio a integrar a banda de Taylor Swift, onde toca guitarra e também faz vocal de apoio. Fanático pela banda Kiss, certa vez recebeu uma surpresa de aniversário durante a Fearless Tour: Taylor lhe passou o celular, dizendo que a ligação era para ele e, do outro lado da linha, estava ninguém menos do que Gene Simmons, líder do Kiss. Paul é casado com Ashley White.

Twitter: @paulsidoti

Amos J. Heller – baixo

Amos nasceu em 18 de março de 1977. Começou tocando contrabaixo em Charlottesville, em uma escola pública da Virgínia, quando tinha dez anos. Por mais de uma década, tocou contrabaixo clássico, estudando com o virtuoso Israeli Mark Bernat, e conquistou um lugar na Orquestra Sinfônica da Miami University. Ganhou seu primeiro baixo quando tinha treze anos e, a partir daí, começou a tocar em uma banda. Até a faculdade, tocava qualquer tipo de música que lhe pediam, covers de grandes bandas, Frank Zappa, músicas religiosas e combinações de jazz. No outono de 2005, mudou-se para Nashville. Então, tocou com grandes nomes do country, como Mindy McCready, Rhett Atkins e, claro, Taylor Swift, fazendo parte da The Agency, onde atua como baixista. Amos também já tocou em bases dos Estados Unidos no Iraque. É conhecido como o palhaço da turma.

Twitter: @amosjheller

Matt Billingslea – bateria

Matt nasceu e cresceu em Westminster, Maryland. Estudou música na Capital University em Columbus, Ohio, tendo bacharelado em música e especialização em Estudos de Jazz e Indústria da Música. Na primavera de 2005, mudou-se para

Nashville, onde se apresentou e gravou com artistas como Lady Antebellum, Thompson Square, David Nail, Mindy McCready, entre outros. Por três anos, esteve em turnê com Lady Antebellum. Desde 2013, faz parte da banda de Taylor Swift, acompanhando a Red Tour, onde toca bateria.

Twitter: @mattbillingslea

Michael Meadows – banjo

Oriundo de Danville, Virgínia, toca instrumentos desde que se lembra. Iniciou com violão aos oito anos e depois começou a cantar. Ele usou o violão como porta de entrada para outros instrumentos. Na James Madison University, recebeu bacharelado por desempenho em violoncelo. Começou a tocar baixo na banda de Pat McGee e, depois, passou a se apresentar tocando violão, banjo, gaita e fazendo vocal de apoio para Josh Gracin. A partir da Fearless Tour, integrou a banda de Taylor Swift, tocando banjo. É casado com Brittany Milton.

Twitter: @Smalltownmike

Caitlin Elizabeth Evanson – violino e vocal de apoio

Nascida em 26 de fevereiro de 1979, em Seattle, Washington, herdou o interesse natural pela música de seu pai, que é professor de música. Aos quatro anos, ganhou um violino e começou a treinar, o que a levou a estudar com professores renomados como Ivan Galamian. No entanto, quando ouviu pela primeira vez "Jeremy", do grupo Pearl Jam, seu interesse musical mudou completamente. Ela então ganhou um violino elétrico e um amplificador de seu pai e logo estava comandando sua primeira banda. Enquanto estudava na Western Washington University, apresentava-se em cafés locais, lojas e clubes, com a banda Last Tuesday e logo seguiu carreira solo. Juntou-se à banda de Taylor Swift durante a Fearless Tour, para tocar violino e fazer vocal de apoio. Amante de pássaros, ela tem um alter-ego chamado Eunice.

Twitter: @CaitlinBird

OUTROS MEMBROS DA BANDA

Al Wilson

Originou a banda de Taylor Swift, sendo o primeiro selecionado não apenas como baterista, mas também foi o líder e mentor da The Agency. Atualmente, dedica-se a outros projetos, incluindo o ensino de bateria no Colorado e por Skype.

Twitter: @alsdrum

David Cook

Pianista, veio a integrar a banda de Taylor Swift a partir de 2011 e foi diretor musical da *Speak Now Tour* e tecladista da banda The Agency. Colaborou com diversos artistas, como Natasha Bedingfield, Jennifer Hudson, entre outros. Originário de Columbus, Ohio, atualmente reside em Nova York, no Brooklyn. É casado com Shayna Steele.

Twitter: @davidcookmusic

Daniel Sadownick

Sadownick tocou percussão na banda de Taylor Swift. Sua primeira participação ocorreu em 10 de maio de 2011, no programa *The Ellen DeGeneres Show*. Possui mestrado em composição de músicas pela Universidade de Nova York. Gravou um álbum chamado *There Will Be a Day*, lançado pela In Time Records. Daniel já excursionou e gravou com Al Green, The Roots, Pat Martino, Billy Idol, entre outros.

Twitter: @DSadownick

Elizabeth Huett

Nasceu em 27 de maio de 1987, em Riverside, Califórnia. Foi adotada ainda criança por uma família que já tinha quatro filhos. Mais tarde, conheceu seus pais biológicos e hoje possui boa relação com as duas famílias. Fez backing vocal no álbum *Speak Now* e sua voz pode ser ouvida nas canções "Mean", "Speak Now" e "Superman". Participou por um tempo da banda como vocal de apoio.

Twitter: @elizabethhuett

Ben Clark

Cresceu em Kilgore, Texas. Formado em música comercial na South Plains College, toca banjo, bandolim, violão, violino e piano. Participou de turnês com Matt Jenkins, Lila McCann e outros. Depois, fez parte da banda de Taylor Swift, estreiando no vídeo de "Picture to Burn". Em 2009, deixou a The Agency para atuar com a banda Rascal Flatts.

Twitter: @banjobenclark

Emily Poe

Emily esteve na banda de Taylor Swift antes mesmo de surgir a The Agency. Em 2007, durante shows no CMA Festival, no Studio 330 Sessions e no Grand Ole Pry, ela estava no palco com Taylor. Graduada pela Belmont University, esteve em turnê com a cantora até decidir mudar completamente de carreira e estudar Direito na Universidade do Tennessee, ainda em 2007.

Além da banda The Agency, Taylor conta atualmente com um grupo de cantoras de apoio, conhecidas como **The Starlights**, que estão com ela desde suas performances para a divulgação do single "We Are Never Ever Getting Back Together". As atuais integrantes do grupo são:

Clare Turton
Eliotte Nicole
Kamilah Marshall
Melanie Nyema
Carly Thomas Smith (costumava fazer parte das Starlights, porém, está trabalhando em outros projetos no momento)

Ao contrário da banda The Agency, um grupo de dançarinos é montado a cada turnê e dissolvido depois. Dançarinos da *Fearless Tour*: Brandon Stansell, Charity Lynne Baroni, Claire Callaway, Clifton Pierce, Jonathan Carey e Lacey Mason. Dançarinos da Speak Now World Tour: Charity Lynne Baroni, Claire Callaway, Dominique Kelley, Fernando Miro, Justin Boulet, Marlyn Ortiz, Meredith Ostrowsky e Shannon Beach. Dançarinos da Red Tour: Amanda Cleghorn, Christian Henderson, Caitlynn Lawson, Clarice Ordaz, Eliana Girard, Katee Shean, Leah Adler, Lockhart Brownlie, Mallauri Esquibel, Mark Villaver, Mason Cutler, Patrick Cook, Ricky Jaime, Scott Myrick, Taeok Lee e Tyce Diorio.

Em Las Vegas com os prêmios que ganhou na 44ª Premiação da Academia de música Country em 2009.

PREMIAÇÕES

Taylor Swift venceu 179 prêmios e foi indicada a outros 218 por seus trabalhos de estúdio e músicas para outros álbuns, incluindo grandes premiações como o Grammy, Academy of Country Music Awards, American Music Awards, Country Music Awards, Billboard Music Awards, MTV Video Music Awards, entre muitos outros.

GRAMMY AWARDS

A primeira indicação de Taylor ao principal prêmio da música foi em 2008, quando concorreu na categoria Artista Revelação. No entanto, a já falecida cantora Amy Winehouse foi a vencedora. Em 2010, a história foi diferente. Com o grande sucesso de *Fearless*, Taylor concorreu em oito categorias e venceu quatro: Melhor Música Country e Melhor Performance Vocal Feminina de Country pela canção "White Horse", além de Melhor Álbum Country e o prêmio principal da noite, Álbum do Ano, por *Fearless*. Taylor tornou-se a mais jovem artista a receber o prêmio mais importante do Grammy. Em seu discurso de agradecimento, ela disse:

> *É o álbum do ano! Oh, meu Deus! Oh, uau, muito obrigada! Eu espero que vocês saibam o quanto isso significa pra mim, para meu produtor Nathan e todos esses músicos que estão no palco, vamos ter que levar isto a Nashville! Oh, meu Deus, nossas famílias estão pirando em suas salas de estar! Meu pai e meu irmão estão pirando na sala agora. E isto é para meu pai, obrigado por todas aquelas vezes que você disse que eu poderia fazer o que quisesse na vida. E para minha mãe, você é minha melhor amiga. Esta é a história que todos nós quando temos oitenta anos contamos de novo e de novo para nossos netos até que eles estejam irritados conosco. Esta é a história que vamos contar de novo e de novo, que em 2010 ganhamos o Álbum do Ano no Grammy. Obrigada, obrigada, obrigada, obrigada!*

Taylor cantou com Stevie Nicks a canção "Today Was a Fairytale" durante a cerimônia. Ainda no Grammy 2010, ela obteve indicações nas categorias de Gravação do Ano, Música do Ano e Melhor Performance Vocal Feminina de Pop para "We Belong With Me", além de Melhor Colaboração em Pop para "Breathe", com Colbie Caillat, porém, não venceu esses prêmios.

A cantora voltou a ser indicada ao Grammy em 2012, quando conquistou dois prêmios: Melhor Música Country e Melhor Performance Country Solo por "Mean", que ela cantou durante a premiação. O álbum *Speak Now* ainda concorreu na categoria Melhor Álbum Country, mas foi derrotado por *Own The Night*, de Lady Antebellum. Taylor ainda esteve no palco para introduzir um tributo ao artista country Glen Campbell.

Em 2013, ela participou mais uma vez da grande festa da música, concorrendo em três categorias. A música "We Are Never Ever Getting Back Together", que abriu o Grammy 2013, foi indicada a Gravação do Ano, porém, não recebeu o prêmio, que ficou com "Somebody That I Used To Know", de Gotye. Pela música "Safe & Sound", da trilha de Jogos Vorazes, em parceria com The Civil Wars, ela conquistou o Grammy de Melhor Música Escrita para Mídia Visual e foi indicada para Melhor Performance de Dupla ou Grupo Country. A cantora foi ainda uma das apresentadoras dos indicados ao Grammy, junto com o rapper LL Cool J.

MTV VIDEO MUSIC AWARDS

Principal premiação do canal MTV, o Video Music Awards (ou VMA, como é conhecido) indicou Taylor pela primeira vez em 2008, quando ela concorreu na categoria Artista Revelação pelo vídeo de "Teardrops On My Guitar". No evento, ela chamou ao palco o grupo Jonas Brothers.

Em 2009, Taylor esteve de volta ao VMA, vencendo o prêmio de Melhor Vídeo Feminino pelo clipe de "You

Belong With Me", sendo a primeira artista country a vencer um VMA. Infelizmente, o evento notabilizou-se por um incidente bastante constrangedor que repercute até hoje...

Incidente com Kanye West

Taylor subiu ao palco e fazia seu discurso de agradecimento pelo prêmio de Melhor Vídeo Feminino por "You Belong With Me" quando, subitamente, o rapper Kanye West surgiu e arrancou o microfone da cantora, que ficou sem reação. Ele declarou: "Taylor, estou muito feliz por você e vou deixar você terminar, mas Beyoncé tinha um dos melhores vídeos de todos os tempos!". Ele se referia ao clipe de "Single Ladies (Put a Ring on It)" da cantora e estava inconformado com a sua derrota. Beyoncé logo foi focalizada pelas câmeras e mostrou-se aparentemente chocada com a atitude de West. O rapper, então, acabou vaiado pelo público e devolveu o microfone a Taylor, que ficou atordoada e não disse mais nada, deixando o palco sem encerrar seu discurso. Entretanto, após o anúncio de que venceu o prêmio de Vídeo do Ano, Beyoncé fez seu discurso e chamou Taylor de volta ao palco, para finalmente completar seus agradecimentos, dessa vez sem interrupções.

O comportamento de Kanye gerou múltiplas reações de artistas e até mesmo do presidente dos Estados Unidos, Barack Obama. Pelo Twitter e outros meios, figuras como Pink, Katy Perry, Kelly Clarkson, Joel Madden, Ryan Seacrest e Dane Cook condenaram West. O famoso blogueiro Perez Hilton comentou: "Taylor Swift merecia esse prêmio, droga! É isso que as PESSOAS votaram! Meu coração se partiu por ela, ela parecia tão triste com o fim desse momento". O rapper 50 Cent afirmou que "até mesmo um pedido de desculpas não pode substituir o que se sente pela primeira vez ao receber esse prêmio. Agora, em sua cabeça [de Taylor], 'meu primeiro prêmio foi Kanye West'. E isso é prejudicial". O site TMZ obteve um áudio em que o presidente Barack Obama critica

West. "A moça parece ser uma pessoa perfeitamente boa, ela está recebendo o prêmio e o que ele está fazendo lá em cima? Ele é um idiota!", disse Obama.

No dia seguinte ao VMA, Kanye postou em seu blog um pedido de desculpas, o que fez também no programa The Jay Leno Show. "Está sendo muito difícil lidar com o fato de que eu magoei alguém, que eu roubei o momento de uma pessoa tão talentosa. Eu fui grosso e ponto. Quero pedir desculpas para ela [Taylor] pessoalmente", disse no *talk show* de Jay Leno.

Dois dias depois do incidente, Taylor comentou o assunto no programa *The View*. Questionada sobre o que estava pensando no momento do incidente, ela disse:

> *Bem, eu acho que o meu pensamento geral era algo como "Uau, eu não posso acreditar que ganhei, isso é incrível, não tropeçar e cair, eu vou começar a agradecer aos fãs, isso é tão legal. Oh, Kanye West está aqui. Corte de cabelo legal. O que você está fazendo aí?" E então: "Ai!". E depois: "Eu acho que não vou conseguir agradecer aos fãs".*

Taylor afirmou ainda como foi ter que superar o choque rapidamente: "Você sabe, não vou dizer que eu não fiquei abalada com isso. Mas eu ia tocar ao vivo cinco minutos depois, então tive que me levar de volta para o lugar onde iria tocar". Ela revelou também que não tinha falado com West depois do incidente. Depois do *The View*, Kanye fez contato com Taylor para pedir desculpas pessoalmente, as quais ela aceitou.

Em setembro de 2010, West escreveu uma série de *tweets* de desculpas dirigidos à cantora, dizendo que "A Beyoncé não precisa disso. A MTV não precisava. Taylor e seus amigos, familiares e fãs definitivamente não queriam ou precisavam disso", concluindo com "Sinto muito, Taylor". Ele revelou ainda ter escrito uma música para ela, que respondeu ao incidente com a canção "Innocent", no álbum *Speak Now.*

Em julho de 2013, o assunto voltou à tona após a revelação de um áudio obtido pelo site Gawker, gravado supostamente em um jantar após o VMA. Kanye justifica ter invadido o palco por ter trabalhado muito nos versos de "Run This Town", de Jay Z – embora não explique a relação disso com o fato de Taylor ter vencido o prêmio de Melhor Vídeo Feminino. "Eu escrevi os versos para 'Run This Town' por um mês! Quando ouvi os versos do Eminem naquela droga do Drake, voltei e reescrevi a minha droga por dois dias. Cancelei compromissos para isso. Eu me importo. E porque eu fiz isso, Taylor não poderia ter vencido no lugar de Beyoncé". Uma voz feminina pergunta: "Por que você está tão nervoso? Por que isso?". Ele responde: "Porque minha mãe morreu por causa da fama. Fui para Hollywood atrás dessa droga. Minha mãe morreu por causa disso. Que se dane a MTV".

Taylor foi indicada mais quatro vezes ao VMA. Em 2010, pelo vídeo de "Fifteen", como Melhor Vídeo Feminino, e em 2011, por "Mean", na categoria Melhor Vídeo com Mensagem. Para o VMA 2013, a cantora obteve duas indicações, ambas para o clipe de "I Knew You Were Trouble": Melhor Vídeo Feminino e Vídeo do Ano. Pelo Twitter, ela alfinetou Kanye, ao pedir votos para seus fãs e afirmando que, desta vez, vai segurar firmemente o microfone. A cantora conquistou o prêmio de Melhor Vídeo Feminino.

ACADEMY OF COUNTRY MUSIC AWARDS

Um dos principais reconhecimentos da música country americana, Taylor já recebeu um total de 24 indicações, tendo vencido seis prêmios. Com a conquista de Álbum do Ano por *Fearless*, em 2009, ela foi a mais jovem artista a receber o prêmio da ACM. Também foi a segunda artista feminina a ser agraciada duas vezes seguidas com o prêmio de Artista do Ano.

Prêmios

- 2008: Nova Cantora Feminina do Ano
- 2009: Álbum do Ano – *Fearless*
- 2009: Prêmio Crystal Milestone
- 2011: Prêmio Internacional Jim Reeves
- 2011: Artista do Ano
- 2012: Artista do Ano

AMERICAN MUSIC AWARDS

Premiação anual da música promovida pelo canal americano ABC. Taylor foi indicada a treze prêmios, tendo vencido onze.

Prêmios

- 2008: Artista Country Feminina Favorita
- 2009: Artista do Ano
- 2009: Artista Pop/Rock Feminina Favorita
- 2009: Artista Country Feminina Favorita
- 2009: Artista Adulta Contemporânea Favorita
- 2009: Álbum Country Favorito – *Fearless*
- 2010: Artista Country Feminina Favorita
- 2011: Artista do Ano
- 2011: Artista Country Feminina Favorita
- 2011: Álbum Country Favorito – *Speak Now*
- 2012: Artista Country Feminina Favorita

COUNTRY MUSIC ASSOCIATION AWARDS

Este é outro reconhecido prêmio da música country dos Estados Unidos. Taylor foi indicada dezesseis vezes, vencendo sete prêmios. Em 2009, aos dezenove anos, foi a mais jovem artista a ser indicada e a ter vencido como Artista do Ano. Ela também foi a primeira cantora country nomeada a cinco ou mais prêmios do CMA desde Reba McEntire, em 1994.

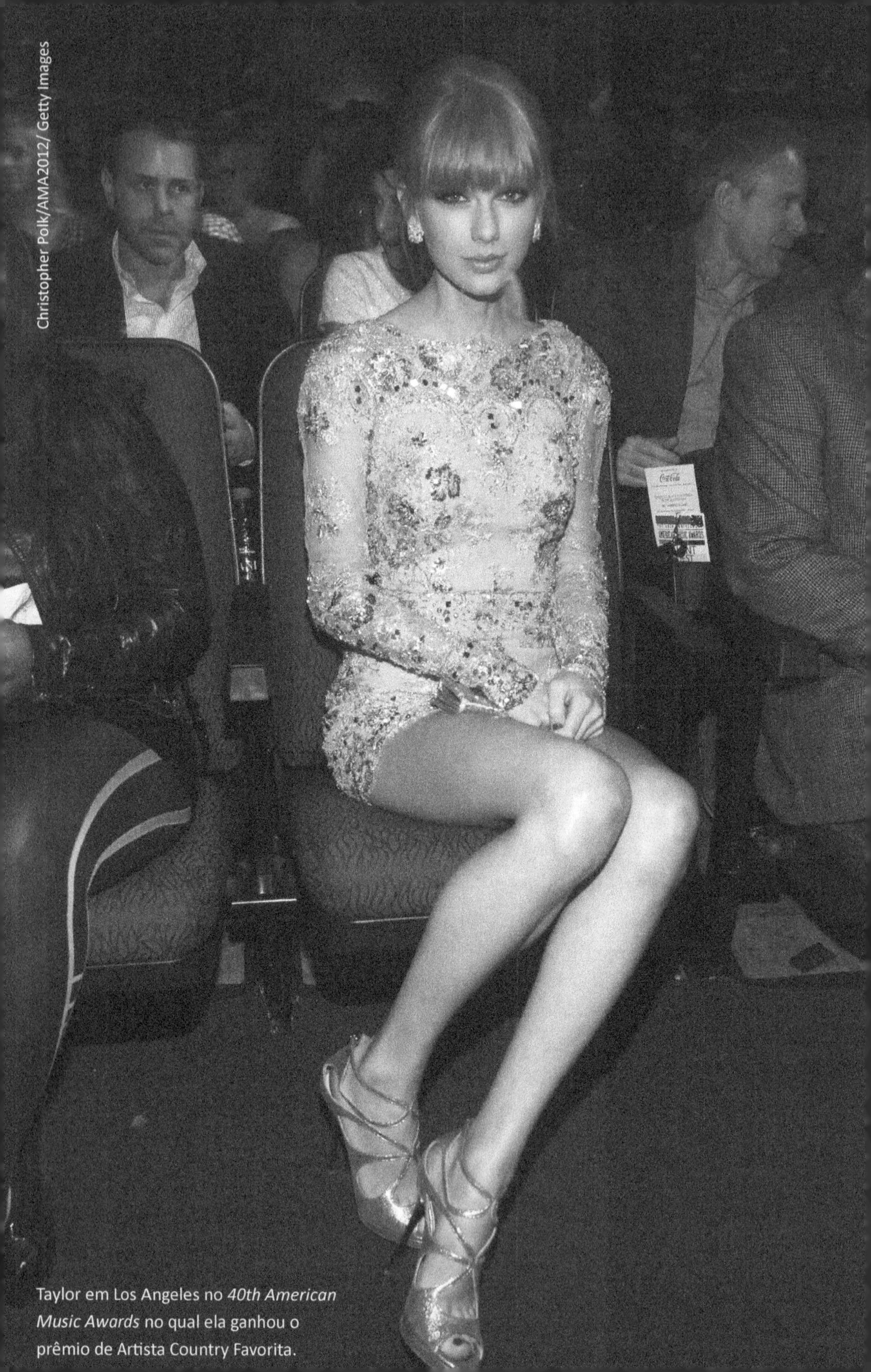

Christopher Polk/AMA2012/ Getty Images

Taylor em Los Angeles no *40th American Music Awards* no qual ela ganhou o prêmio de Artista Country Favorita.

No mesmo ano, recebeu o reconhecimento International Artist Achievement Award, dedicado a artistas americanos que contribuem para o desenvolvimento e divulgação da música country ao redor do mundo.

Prêmios

- 2007: Horizon Award
- 2009: Artista do Ano
- 2009: Cantora do Ano
- 2009: International Artist Achievement Award
- 2009: Álbum do Ano – *Fearless*
- 2009: Vídeo do Ano – "Love Story"
- 2010: Artista do Ano

BILLBOARD MUSIC AWARDS

Taylor já foi indicada 22 vezes ao prêmio da principal publicação da indústria musical americana, vencendo doze vezes.

Prêmios

- 2011: Top Billboard 200 Artist
- 2011: Top Country Artist
- 2011: Top Country Album – *Speak Now*
- 2012: Mulher do Ano da Billboard
- 2013: Top Artist
- 2013: Top Female Artist
- 2013: Top Country Artist
- 2013: Top Billboard 200 Artist
- 2013: Top Digital Songs Artist
- 2013: Top Billboard 200 Album – *Red*
- 2013: Top Country Album – *Red*
- 2013: Top Country Song – "We Are Never Ever Getting Back Together"

OUTRAS PREMIAÇÕES

2006

CMT Online Awards

- Number 1 Streamed Video From a New Artist – "Tim McGraw"

2007

CMT Music Awards

- Vídeo Revelação do Ano – "Tim McGraw"

CMT Online Awards

- Number 1 Streamed Studio 330 Sessions Video – "Teardrops on My Guitar"
- Number 1 Streamed Music Video – "Teardrops on My Guitar"
- Number 1 Digitally Active Female Artist

BMI Awards

- Canção Vencedora – "Tim McGraw"

Nashville Songwriters Association International Award

- Compositora/Artista do Ano

2008

Teen Choice Awards

- Melhor Artista Revelação

CMT Music Awards

- Vídeo do Ano – "Our Song"
- Vídeo Feminino do Ano – "Our Song"

CMT Online Awards

- Number 1 Streamed Slippery When Wet Video – "Should've Said No"
- Number 1 Streamed Music Video – "Our Song"
- Number 1 Streamed Digitally Active Female Artist

BMI Awards

- Canção Vencedora – "Our Song"
- Canção Country do Ano – "Teardrops On My Guitar"

Young Hollywood Awards

- Superstar do Amanhã

2009

Teen Choice Awards

- Melhor Artista Feminina
- Melhor Álbum Feminino – *Fearless*

CMT Music Awards

- Vídeo do Ano – "Love Story"
- Vídeo Feminino do Ano – "Love Story"

BMI Awards

- Canção Vencedora – "Picture to Burn" e "Should've Said No"
- Canção Pop Vencedora – "Teardrops On My Guitar"
- Prêmio do Presidente da BMI – "Teardrops On My Guitar"
- Canção Country do Ano – "Love Story"

Nashville Songwriters Association International Award

- Compositora/Artista do Ano

Nashville Music Awards

- Artista do Ano
- Compositora/Artista do Ano
- Álbum Country – *Fearless*

Canadian Country Music Association

- Álbum Mais Vendido – *Fearless*

Channel [V] Thailand Music Video Awards

- Artista Internacional Revelação Popular

2010

Teen Choice Awards

- Melhor Artiz Revelação – por sua atuação em *Idas e Vindas do Amor*
- Melhor Artista Country Feminina
- Melhor Música Country – "Fifteen"
- Melhor Álbum Country – *Fearless*

CMT Artists of The Year Awards

- Artista do Ano

People's Choice Awards

- Artista Feminina Favorita

Nickelodeon Kids Choice Awards

- Cantora Favorita
- Canção Favorita – "You Belong With Me"

BMI Awards

- Canção Country do Ano – "You Belong With Me"
- Compositora Country do Ano

Nashville Songwriters Association International Award

- Compositora/Artista do Ano

Songwriters Hall of Fame

- Hal David Startlight Award

Canadian Country Music Association

- Álbum Mais Vendido – *Fearless*

MYX Music Awards (Filipinas)

- Vídeo Internacional Favorito – "Love Story"

J-14 Teen Awards

- Cantora Ícone

2011

Teen Choice Awards

- Melhor Artista Feminina
- Melhor Artista Country Feminina
- Ultimate Choice
- Red Carpet Hot Icon – Female
- Melhor Música Country – "Mean"
- Choice Break-Up Song – "Back to December"

CMT Artists of The Year Awards

- Artista do Ano

CMT Music Awards

- Vídeo do Ano – "Mine"

People's Choice Awards

- Artista Country Favorita

BMI Awards

- Canção Vencedora – "Back to December", "Fearless" e "Mine"

Nashville Songwriters Association International Award

- Compositora/Artista do Ano

Canadian Country Music Association

- Álbum Mais Vendido – *Speak Now*

Annual Independent Music Awards

- Artista Internacional Favorita do Ano

J-14 Teen Awards

- Ícone do Ano
- Ícone Feminino do Ano

Taste of Country Awards

- Artista do Ano
- Vídeo do Ano – "Mean"
- Turnê do Ano – *Speak Now World Tour*
- Melhor Novo Animal de Estimação – Meredith

2012

MTV Europe Music Awards

- Melhor Artista Feminina
- Melhor Atuação Ao Vivo
- Melhor Look

People's Choice Awards

- Artista Country Favorita

Teen Choice Awards

- Melhor Artista Feminina
- Melhor Artista Country Feminina
- Melhor Dublagem – por sua dublagem em *O Lorax, Em busca da trúfula perdida*
- Melhor Single de Artista Feminina – *Eyes Open*
- Melhor Música Country – "Sparks Fly"

Nickelodeon Kids Choice Awards

- The Big Help Award – pelo seu trabalho com sobreviventes de desastres naturais

BMI Awards

- Canção Pop Vencedora – "Mine"

Nashville Songwriters Association International Award

- Compositora/Artista do Ano

Canadian Country Music Association

- Generation Award

Ripple of Hope Gala

- Ripple of Hope Award – prêmio por seu comprometimento com a mudança social por meio da música

Premios 40 Principales

- Melhor Artista ou Grupo Internacional em Língua Não Espanhola

J-14 Teen Awards

- Ícone do Coração (Voluntário/Boas Ações)

Taste of Country Awards

- Artista do Ano
- Álbum do Ano – *Red*
- Música do Ano – "Begin Again"
- Vídeo do Ano – "Safe & Sound"
- Atuação ao Vivo do Ano
- Artista Country Mais Bem Vestida do Ano
- Momento Mais Emotivo do Ano – Taylor escreveu *Ronan* para um menino que morreu de câncer

VEVO Certified Awards

- 100 milhões de exibições no YouTube – "Love Story", "You Belong with Me", "Mine" e "We Are Never Ever Getting Back Together"

The OK! Awards

- Música que nós ainda vamos cantar em 2013 – "We Are Never Ever Getting Back Together"

2013

Billboard Mid-year Music Awards

- First-Half MVP
- Favorite Billboard 200 Nº 1 Album – *Red*
- Melhor Turnê – *Red Tour*

Teen Choice Awards

- Melhor Cantora Country
- Melhor Música Country – "We Are Never Ever Getting Back Together"

Radio Disney Music Awards

- Música do Ano – "I Knew You Were Trouble"
- Best Break Up Song – "We Are Never Ever Getting Back Together"

BMI Awards

- Canção Vencedora – "We Are Never Ever Getting Back Together"

Metrolyrics End of The Year Awards

- Melhor letra de hit do ano – "We Are Never Ever Getting Back Together"

MuchMusic Video Awards

- Artista/Grupo Internacional Favorito

The SiriusXM Indies Awards

- Artista Internacional do Ano

VEVO Certified Awards

- 100 milhões de exibições no YouTube – "I Knew You Were Trouble" e "22"

Fragrance Foundation Awards

- Melhor Fragrância de Celebridade do Ano – *Wonderstruck Enchanted*

Taiwan HITO Radio Music Awards

- Música Ocidental do Ano – "We Are Never Ever Getting Back Together"

Em 2013, Taylor foi indicada ao Globo de Ouro de Melhor Canção Original por "Safe & Sound". A vencedora, no entanto, foi "Skyfall", de Adele, pelo filme *007 – Operação Skyfall.*

Além de todos esses prêmios, Taylor já recebeu vários reconhecimentos. Em 2009, foi nomeada Artista do Ano pela agência de notícias Associated Press. No ano seguinte, a Forbes posicionou-a em 12º lugar na lista das pessoas mais poderosas do entretenimento. Também em 2010, a revista *Entertainment Weekly* escolheu Taylor como Artista do Ano, sendo a pessoa mais jovem a alcançar tal feito. No final de 2011, foi eleita Mulher do Ano pela *Billboard*. Em março de 2013, a revista *Rolling Stone* nomeou Taylor como uma "imortal" da cultura pop.

A versátil Taylor na estreia do filme do qual participou em 2012, *O Lorax*.

Jason LaVeris/ FilmMagic

FILMOGRAFIA

FILMES

JONAS BROTHERS: THE 3D CONCERT EXPERIENCE (2009)

Registro de shows da banda Jonas Brothers, em sua turnê *Burning Up*, de 2008, lançado em 3D nos Estados Unidos em 27 de fevereiro de 2009. Contém cenas de bastidores e imagens de arquivo do grupo. Taylor participa do filme cantando a música "Should've Said No" com os Jonas. A canção entrou ainda para a trilha sonora do filme. Foi durante essas apresentações que Taylor e Joe Jonas começaram a namorar.

HANNAH MONTANA: O FILME (2009)

Adaptação para as telas da série *Hannah Montana*, da Disney, estreou em 2 de abril de 2009 nos Estados Unidos. Taylor faz uma breve participação, tocando em um celeiro a música "Crazier", que foi composta por ela. A canção não foi escrita para o filme, mas os produtores adoraram quando a ouviram e decidiram então incluí-la na trilha sonora. As gravações da participação de Taylor duraram apenas um dia. Para o filme, a cantora compôs ainda a música "You'll Always Find Your Way Back Home", em parceria com Martin Johnson. Lucas Till, que fez o par romântico da cantora no clipe de "You Belong

With Me", também aparece no filme. Em uma entrevista, ele disse ter preferido beijar Taylor do que Miley Cyrus, intérprete de Hannah Montana.

IDAS E VINDAS DO AMOR (2010)

Estreia de Taylor Swift como atriz nas telas do cinema. Lançado em 11 de fevereiro de 2010, o filme mostra várias histórias românticas que se conectam em pleno Dia dos Namorados, em Los Angeles, com os altos e baixos do amor. O elenco estelar reúne grandes nomes como Julia Roberts, Anne Hathaway, Jamie Foxx, Jessica Alba, Ashton Kutcher, entre outros. No filme, Taylor interpreta Felicia Miller, uma garota do ensino médio que vive um intenso romance com Willy Harrington (papel de Taylor Lautner), por quem ela é completamente apaixonada e sua torcedora número um – Willy faz parte da equipe de atletismo da escola. Apesar de ter sido bastante criticado pela imprensa especializada, o filme obteve bom desempenho na bilheteria, arrecadando mais de 215 milhões de dólares em todo o mundo. A participação da cantora foi elogiada, tanto pelo talento que ela demonstrou para a interpretação do papel, como pelo carisma e a relação bem construída com Lautner na produção. Por conta disso, Taylor venceu o prêmio de Atriz Revelação no Teen Choice Awards de 2010. Ela e Lautner foram indicados ainda a Melhor Química e Melhor Beijo no mesmo prêmio. Também receberam indicação a Melhor Beijo no MTV Movie Awards de 2010. Para o filme, a cantora escreveu "Today Was a Fairytale", que ela enviou para os produtores logo após ter sido escalada para atuar, mas sem expectativa de que a música fosse utilizada na trilha sonora. Durante as gravações, Taylor e Lautner tiveram um relacionamento.

O LORAX: EM BUSCA DA TRÚFULA PERDIDA (2012)

Obra de animação adaptada do livro *O Lorax*, de 1971, escrito por um dos mestres das histórias infantis americanas, Dr. Seuss, autor também de *O Grinch* e *Horton e o Mundo dos Quem!*. A história fala do menino Ted (voz de Zac Efron), que descobre o sonho de sua paixão, a bela menina Audrey (voz de Taylor Swift), que é ver uma árvore de verdade, algo em extinção. Disposto a realizar tal desejo, Ted parte em uma aventura por uma terra desconhecida, cheia de cor, natureza e árvores. Lá conhece o simpático e ao mesmo tempo rabugento Lorax (voz de Danny DeVito), criatura preocupada com o futuro de seu próprio mundo. Pela primeira vez, Taylor realiza um protagonista no cinema, ainda que apenas com sua voz. Sua personagem, Audrey, foi criada para o filme e é inspirada em Audrey Geisel, esposa do Dr. Seuss. Sobre o processo de dublagem, Taylor comentou que "é bem diferente de cantar músicas que você escreveu. Você fica sentada sozinha em uma sala conversando com ninguém", o que tornou seu trabalho bastante desafiador. A respeito de sua personagem, a cantora destaca que "ela tem algumas características extraordinárias em sua personalidade. Ela é aventureira, aproveita as oportunidades, é corajosa, forte". Destacou ainda a mensagem do filme: "Eu acho que a mensagem de *O Lorax* é que você não se dá conta do que tem até perder tudo. Aprecie o que você tem quando você tem isso. Apreciar a beleza do que está lá agora, e tentar preservá-la para amanhã". Nenhuma música da trilha sonora tem a participação da cantora. Lançado em 2 de março de 2012, o filme faturou mais de 350 milhões de dólares mundialmente. Uma sequência do filme é cogitada, contando novamente com Taylor no elenco.

SÉRIES

CSI: CRIME SCENE INVESTIGATION (2009)

Taylor participa do 16º episódio da nona temporada de *CSI*, "Turn, Turn, Turn", exibido nos Estados Unidos em 5 de março de 2009. Ela interpreta Haley Jones, filha do gerente de um hotel que é encontrada morta na área externa. No entanto, sua participação não se resume a ser apenas a garota morta. Taylor tem várias sequências no episódio, em cada uma delas com figurino e maquiagem diferentes, uma vez que o detetive forense Nick Stokes investigou um caso um ano antes naquele hotel e acabou se tornando amigo de Haley, de quem se recorda em vários flashbacks. Em cena, Taylor aparece com cabelo liso, depois cabelo cacheado e, no fim, com visual mais gótico, o que inclui cabelo escuro e até piercing no lábio superior. Sua participação foi bastante elogiada pela imprensa, incluindo a *Rolling Stone*, a MTV e o jornal *The New York Times*. No episódio, foi reproduzido um remix de "You're Not Sorry", do álbum *Fearless*. A versão foi depois lançada para download.

NEW GIRL (2013)

Recentemente, Taylor fez uma participação especial no episódio "Elaine's Big Day", que encerra a terceira temporada da série *New Girl*, da Fox. Sua personagem, Elaine, é um amor antigo de Shivrang (Satya Bhabha), que nesse episódio está se casando com Cece (Hannah Simone). A cantora foi bem elogiada pelos atores da série. Zooey Deschanel (Jess), protagonista de *New Girl*, afirmou que Taylor "é dona de si, é fantástica, engraçada... E doce, profissional, e nós a adoramos". Max Greenfield, que também faz um dos personagens principais (Schmidt), não poupou elogios: "Mas que profissional; mas que profissional e que talento! Eu senti que realmente nos demos muito bem e eu adoraria que ela voltasse". O episódio foi exibido em 14 de maio de 2013.

Taylor recebendo o prêmio de *Entertainer of the Year* durante o *43rd Annual CMA Awards at the Sommet Center* em 2009.

Rick Diamond/Staff/ Getty Images

VIDA AMOROSA

Um dos aspectos mais comentados da vida de Taylor Swift é, sem dúvida, seus relacionamentos amorosos. A cantora teve vários namorados e paixões ao longo de sua vida. E, para cada um, ela escreveu uma música – ou até duas, pelo que se especula, dependendo do namorado. Isso inclusive gera algumas piadas na Internet, como a de uma marca de camisetas, Bad Kids, que lançou uma regata com os nomes dos mais famosos ex e supostos namorados de Taylor, provocando revolta entre os fãs.

Polêmicas à parte, algumas das principais composições de Taylor tiveram seus amores como inspiração. Uma canção para que um antigo *affair* nunca se esquecesse dela, como "Tim McGraw"; um pedido de desculpas, como "Back to December"; uma declaração de amor engasgada, como "Teardrops On My Guitar"; ou então um desabafo, como "We Are Never Ever Getting Back Together". As relações amorosas de Taylor são a tônica de seus álbuns até hoje e todas as músicas não são apenas grandes sucesso nas paradas, elas são também uma inspiração para muitas meninas que se identificam com elas em momentos de suas vidas.

Saiba mais sobre cada um de seus relacionamentos:

BRANDON BORELLO

Brandon foi namorado de Taylor quando ela tinha quinze anos. Os dois estudavam juntos, quando ela estava no primeiro ano do ensino médio. Algum tempo depois do início do namoro, eles tiveram que se separar, pois Brandon teve que ir para a faculdade. Taylor escreveu em sua homenagem a canção "Tim McGraw", em que ela canta: "Quando você pensar em Tim McGraw / Espero que pense na minha música preferida / Aquela que dançamos a noite toda". A música em questão é "Can't Tell Me Nothin'", do cantor country Tim McGraw. Essa seria uma forma para que Borello continuasse se lembrando de Taylor. Para Brandon, ela escreveu ainda a canção "Our Song". Ela também o cita em "Fifteen", no trecho "Naquela época eu jurei / Que ia casar com ele um dia / Mas descobri que ele tinha sonhos maiores". Borello disse certa vez que mesmo com tudo o que aconteceu, ainda pensa em Taylor com carinho.

DREW HARDWICK

Taylor e Drew eram colegas na Hendersonville High School. Ela tinha uma queda pelo rapaz, que sentava perto da cantora na aula. Depois de um tempo, tornaram-se amigos próximos e Taylor acabou se apaixonando por ele, que não sabia de seus sentimentos e lhe pedia frequentemente conselhos amorosos, pois estava a fim de outra garota. Taylor comentou a situação: "Eu costumava sentir uma grande paixão por esse cara, que sentava todos os dias perto de mim para falar sobre... outra garota: como ela era bonita, como ela era boa e quão inteligente e perfeita ela era. E eu ficava sentada lá, ouvindo, dizendo às vezes: 'oh, estou feliz por você'". Drew e essa garota ficaram juntos por um bom tempo e Taylor nunca revelou a ele seus sentimentos, o que aconteceu apenas na música "Teardrops on My Guitar", em que até cita o nome do rapaz: "Drew passa por mim / Será que ele percebeu que eu não consigo respirar? / E lá vai ele, tão perfeito / O tipo impecável que eu gostaria de ser". Só quando a música foi lançada é que Drew soube o que Taylor sentia. Ele tentou falar com ela por telefone, sem resposta. Hardwick até deixou uma mensagem de voz, mas ela achou estranho telefonar de volta. Dois anos depois do lançamento do disco, Taylor estava saindo de casa com suas amigas Carrie Underwood e Kellie Picker, para ver um jogo de hóquei, quando foi surpreendida por Drew em sua garagem. Comenta-se que ele teria apostado uma chance com a cantora, porém, tanto ela como Drew nunca afirmaram isso. Taylor acrescentou que seria muito poético se ele aparecesse em sua casa logo depois do lançamento de *Taylor Swift*, e até poderia ter aceitado um namoro. Mas como tinham se passado dois anos, muita coisa já havia acontecido em sua vida e os sentimentos por Drew não eram mais os mesmos.

CORY ROBERTSON

Foi colega de classe de Taylor quando ela vivia em Wyomissing, na Pensilvânia. Para ele, a cantora escreveu a canção "Stay Beautiful", na qual fala que "Os olhos de Cory são como uma selva". Ele foi ainda citado no comercial da versão deluxe de *Speak Now* para a loja Target. Ela se arrepende de nunca ter ficado perto de Cory.

SAM ARMSTRONG

Namorou Taylor durante o ensino médio. Ela escreveu a música "Should've Said No" para ele, depois que descobriu que Sam estava lhe traindo. Na canção, ela diz que Sam deveria ter negado a aproximação da outra garota. "Você devia ter dito 'não', ido para casa / Devia ter pensado duas vezes antes de botar tudo a perder". No encarte do álbum, as letras S, A e M estão destacadas nos versos da música.

STEPHEN LILES

Cantor da dupla country Love and Theft, que abriu alguns shows de Taylor. Ela tinha uma queda por ele e lhe escreveu a canção "Hey Stephen". Quando o álbum *Fearless* foi lançado, Taylor enviou uma mensagem de texto a Stephen dizendo: "Ei, faixa 4!". Depois disso, Liles afirmou que ficou um dia inteiro pensando no que teria feito para merecer uma canção escrita por Taylor.

JOE JONAS

Em 2008, Taylor namorou por quatro meses o cantor Joe Jonas, da banda Jonas Brothers. Eles se conheceram durante a *Burning Up Tour*, dos Jonas, que contou com a participação especial de Taylor. Durante o período em que se apresentaram, os dois começaram a sair. A relação deles chegou ao fim por meio de uma ligação telefônica de Joe para Taylor, que durou apenas 27 segundos, fato revelado pela cantora no programa *The Ellen DeGeneres Show*. No mesmo programa, ela contou que escreveu para ele a canção "Forever & Always", incluída de última hora no álbum *Fearless*. A intenção de Taylor era enfrentar a experiência por meio da música, em que ela fala: "Eu olhei em seus olhos, por um minuto, pensei que te conhecia / Agora eu não tenho tanta certeza". Os motivos da separação não são claros. Diz-se que Joe terminou com ela para ficar com a atriz Camilla Belle, a quem conheceu na gravação do clipe "Lovebug", dos Jonas. Comenta-se ainda que os pais do rapaz obrigaram-no a terminar com Taylor, por acharem que ela atrapalhava sua carreira. Há quem diga ainda que Joe achava a cantora obsessiva e esse teria sido a razão para o rompimento. Em contrapartida, o cantor escreveu a canção "Much Better", fazendo referências à sua separação de Taylor, bem como seu novo relacionamento: "E todas as lágrimas em sua guitarra / Eu não sou amargo / Mas agora eu vejo / Tudo o que eu sempre precisei / É a menina à minha frente / Ela é muito melhor". Taylor não deixou por menos e respondeu no álbum *Speak Now*. A música "Last Kiss" seria inspirada na relação com Joe, principalmente pela mensagem na letra do encarte, que diz "Forever and Always". Da mesma forma, "Better Than Revenge" é interpretada como uma provocação à relação de Jonas e Belle: "Vamos, me mostre o quanto você é melhor / Veja, você merece alguns aplausos / Porque você é muito melhor / Ela o roubou mais rápido do que você consegue dizer sabotagem".

LUCAS TILL

Till contracenou com Taylor no clipe de "You Belong With Me" e integrou o elenco de *Hannah Montana: O Filme*, do qual ela também participou. Em uma entrevista, o ator contou que teve um breve relacionamento com a cantora, mas que acabou não dando muito certo, pois eles eram muito amigos e isso atrapalhou o namoro. Till teria dito ainda uma vez que a música "Jump Then Fall" foi escrita por Taylor sobre ele.

TAYLOR LAUTNER

Lautner e Swift começaram a namorar durante as gravações do filme *Idas e Vindas do Amor*, no qual fizeram um par romântico. O relacionamento durou quatro meses, no fim de 2009. Em dezembro, eles terminaram. Então, Taylor escreveu a canção "Back to December", como uma forma de pedido de desculpas a Lautner. Ela disse que a música é "sobre uma pessoa que foi incrível e perfeita para mim durante um relacionamento e eu fui muito descuidada com ele. Então, esta é uma música cheia de palavras que eu diria para ele, que ele merece ouvir". Na música, Taylor canta: "Então aqui estou eu engolindo o meu orgulho / Na sua frente pedindo / Desculpas por aquela noite / E eu volto para dezembro a todo instante".

JOHN MAYER

Entre 2009 e 2010, Taylor e Mayer tiveram um breve relacionamento, que começou após eles gravarem juntos a canção "Half of My Heart". O namoro, no entanto, foi regado por polêmicas e terminou mal. Alguns dizem que Mayer tratou Taylor como se fosse apenas mais uma conquista e isso teria motivado o fim da relação, o que a deixou arrasada. Em resposta, ela compôs a canção "Dear John", na qual canta: "Querido John / Eu vejo agora como foi errado / Você não acha que dezenove anos é muito jovem para você enganar com seus jogos maliciosos, quando eu te amava tanto?". Taylor, entretanto, nunca admitiu que a música fosse dedicada a ele. Em uma entrevista à *Rolling Stone*, o cantor declarou se sentir humilhado com a canção. Como resposta, Mayer teria escrito recentemente a música "Paper Doll". John teria sido ainda inspiração para a canção "The Story of Us", que fala de um encontro de Taylor com um ex-namorado em uma premiação, onde eles precisavam falar um com o outro, mas estavam distantes. O namorado seria Mayer e a premiação o CMT Music Awards, que é a mensagem escondida na letra no encarte de *Speak Now*. Rumores contam que "I Knew You Were Trouble" também seria dedicada ao cantor.

ADAM YOUNG

Adam, vocalista do Owl City, não chegou a ter uma relação com Taylor. Porém, os dois ficaram bastante próximos, após se conhecerem em um show e começarem a trocar mensagens. A cantora escreveu para Adam a canção "Enchanted", em que declara: "Tudo o que sei é que eu estava encantada em conhecê-lo". Ela afirmou que Adam sempre falava uma palavra que ela não conhecia, "wonderstruck", que foi usada na letra da canção e deu nome a dois de seus perfumes. Em resposta, Adam fez uma versão de "Enchanted", que foi publicada no blog do cantor no dia dos namorados americano, em 14 de fevereiro de 2011.

JAKE GYLLENHAAL

Conhecido ator de Hollywood, Jake e Taylor tiveram um romance no final de 2010, que durou alguns meses apenas. A relação acabou, especula-se, em razão da diferença de idade entre os dois – à época ele tinha 30 e ela, 21. Várias músicas teriam sido escritas por Taylor sobre o relacionamento, como "All Too Well", "State of Grace", "Girl at Home", "The Moment I Knew" e "We Are Never Ever Getting Back Together". Em uma entrevista, Taylor disse que "We Are Never..." era o tipo de música que seu ex odiava e que a compôs para implicar com ele, mas não revelou quem seria o ex em questão.

CONOR KENNEDY

No começo de 2012, Taylor namorou Conor Kennedy, filho de Robert F. Kennedy e sobrinho-neto do ex-presidente americano John Kennedy. Eles tiveram um "amor de verão", mas se separaram depois que a cantora lançou seu novo álbum, *Red*, e Conor teve que voltar para a escola. Taylor ficou bastante próxima de Ethel, avó de Conor, para quem dedicou a música "Starlight", inspirada na relação de Ethel com Bobby Kennedy. Já para Conor, ela escreveu "Everything Has Changed", que canta com Ed Sheeran.

HARRY STYLES

Caso rumoroso, foi oficializado somente no final de 2012, mas por volta de março do mesmo ano Taylor e Harry, da banda One Direction, já tinham se envolvido em um rápido relacionamento, após se conhecerem no *People's Choice Awards*. Apesar de a cantora ter ficado decepcionada quando Harry beijou a modelo Emma Ostilly durante uma viagem à Austrália, acabou lhe dando outra chance, mesmo sabendo que

Harry era "problema" – a música "I Knew You Were Trouble" foi inspirada também em Styles. Entre outubro daquele ano e janeiro de 2013, os dois foram vistos juntos várias vezes, inclusive de mãos dadas após uma apresentação do One Direction, corroborando para o fato de que estavam namorando. Algum tempo depois, uma briga teria ocorrido e eles se separaram. Após uma apresentação no *BRIT Awards,* que tinha Styles na plateia, Taylor confirmou que "I Know You Were Trouble" havia sido inspirada nele: "Bom, não é tão difícil acessar essa emoção [de cantar da forma como se sentiu ao escrever a canção] quando a pessoa para qual a canção é direcionada está do outro lado do palco assistindo".

Taylor teria se envolvido também com outros homens ou até mesmo se apaixonado por eles, alguns inclusive famosos no meio artístico, mas vários casos não passaram de rumores e até hoje não se sabe se são verdadeiros. A imprensa especulou, que ela estivesse tendo um *affair* com **Cory Monteith**, ator da série *Glee*, falecido em 2013, mas nem eles nem a mídia confirmaram. O mesmo aconteceu com **Zac Efron**, com quem Taylor teria tido um caso depois de realizarem a dublagem para o filme *O Lorax: Em busca da trúfula perdida.* Também cogitou-se um interesse romântico dela pelo ator **Eddie Redmayne**, que não teria chegado às vias de fato devido à longa distância a que os dois ficariam um do outro. Fontes dão conta também de namoros rápidos de Taylor com os atores **Toby Hemingway**, que gravou com ela o clipe de "Mine", e depois, com **Will Anderson**, cantor do grupo Parachute, a quem ela teria escrito a música "Begin Again", pela relação ter supostamente ocorrido após ela se separar de Jake Gyllenhaal.

Há também os namorados que nunca foram identificados por Taylor. Como "Romeo", com quem viveu um amor proibido, como descrito na música "Love Story". Romeo depois a enganou, o que inspirou "White Horse". "Picture to Burn" igualmente fala de um namorado antigo dela, que nunca lhe deixou dirigir sua picape.

Recentemente, dois novos namoros de Taylor foram divulgados pela mídia: no começo do ano de 2013, ela e o músico britânico Tom Odell estariam juntos, desde que se conheceram durante o BRIT Awards. A informação não foi confirmada. Em agosto, o nome especulado foi o de Matthew Gray Gluber, ator conhecido por sua participação como Spencer Reid em *Criminal Minds*. Segundo algumas fontes, o romance teve início em junho, quando Taylor convidou Matthew para jantar em sua casa. Depois disso, eles teriam passado juntos o feriado de 4 de julho na casa dela, em Rhode Island. O caso dos dois também segue sem confirmação.

mpre elegante, Taylor
tapete vermelho do
agrance Foundation Awards
n 2013, no qual ganhou
n prêmio pelo seu perfume
onderstruck Enchanted.

Dimitrios Kambouris/Staff/ Getty Images

PERFUMES/MODA

WONDERSTRUCK

Em 2011, foi lançada a primeira fragrância de Taylor Swift, ***Wonderstruck***, em cooperação com a empresa de cosméticos Elizabeth Arden. O perfume foi criado por Olivier Gillotin, da Givaudan. O nome da fragrância surgiu da letra de "Enchanted", música do álbum *Speak Now*, que traz o trecho: "I'm wonderstruck, blushing all the way home", que significa "Estou perplexa de como estou corando o tempo todo", expressando o sentimento e impressão que se tem quando nos apaixonamos por uma pessoa.

A composição do perfume é descrita como uma encantadora gourmand floral com tons frutados, espumante em um fundo de madeira. As notas de cabeça são: framboesa, amora preta, chá verde, freesia e flor de maçã. O coração possui características de baunilha doce com madressilva e hibisco branco. Na base, notas de âmbar dourado, almíscar, sândalo e pêssego.

O perfume foi lançado em eventos que ocorreram em diversas cidades dos Estados Unidos. O primeiro deles foi na loja Macy's, em Nova York, seguindo-se da Sephora em Glendale, Califórnia, e na Belk, em Nashville, Tennessee, todas no mês de setembro de 2011. Em julho de 2012, *Wonderstruck* foi lançado oficialmente no Reino Unido e em outros países da Europa. Além disso, Taylor participou da divulgação do perfume em programas de televisão como *The Ellen DeGeneres Show* e *The Late Show with David Letterman*. Comerciais também foram veiculados para promover a fragrância, que ela descreve como "o começo de algo mágico".

O frasco de *Wonderstruck* tem formato oval e foi pintado em tom púrpura iridescente. A decoração é feita em tom de ouro velho, assim como a tampa, que é toda trabalhada como se fosse esculpida de modo artesanal. Junto à tampa, uma corrente segura três pingentes figurativos: uma estrela, um cisne e uma gaiola, elementos escolhidos pela própria Taylor.

A fragrância obteve um enorme sucesso de vendas. Em 2012, a cantora recebeu uma homenagem no Elizabeth Taylor Fragrance Celebrity Awards por ter aumentado em mais de 50% as vendas de perfumes no ano anterior. *Wonderstruck* foi indicada ainda na categoria de Melhor Embalagem.

Wonderstruck está disponível como *eau de parfum* em três tamanhos na versão spray (30, 50 e 100 ml) e em versão roll-on. A linha *Wonderstruck* inclui ainda loção para o corpo e gel para banho. Há também kits para presente com a coleção completa, com gel, loção e perfume ou apenas o perfume em spray e roll-on. Todos os produtos podem ser adquiridos pelo site oficial de Taylor.

O perfume começou a ser vendido também no Brasil a partir do segundo semestre de 2013, de acordo com um *tweet* publicado em agosto pelo perfil oficial das fragrâncias de Taylor Swift.

WONDERSTRUCK ENCHANTED

Após o desempenho de vendas bem-sucedido de *Wondestruck*, Taylor e Elizabeth Arden firmaram nova parceria e lançaram a segunda fragrância oficial da cantora: ***Wonderstruck Enchanted***. O novo perfume é oriental gourmand, assinado pelos perfumistas da IFF, Loc Dong e Jean-Marc Chaillan.

Enchanted abre com notas de frutos silvestres, papoula-de-rosa e maracujá. Notas de coração incluem flores, pétalas de peônia, glacê de açúcar, champaca e freesia branca. Na base, almíscar branco, baunilha e casimira. O frasco tem o formato do original, mas com um colorido vermelho carmesim com detalhes dourados. Na corrente junto à tampa, há uma ave, uma flor, uma folha e um cristal cintilante.

O lançamento ocorreu em setembro de 2012 apenas nos Estados Unidos. Dessa vez, não houve festa para lançar *Wonderstruck Enchanted*, pois Taylor estava ocupada com outros compromissos. Na televisão, a divulgação também foi menos expressiva. A cantora citou sua fragrância em algumas entrevistas, como no programa *The Ellen Degeneres Show*, em que fala das diferenças dos dois perfumes. Foi divulgado ainda um comercial, continuação da peça que promoveu *Wonderstruck*. Seu novo perfume é descrito por Taylor como "o próximo capítulo da história de minha fragrância. *Wonderstruck* é aquele momento em que você sente uma conexão imediata com alguém".

Em 12 de junho de 2013, o perfume venceu o prêmio de Fragrância Celebridade do Ano, do Fragrance Foundation Awards, que é considerado o "Oscar" das fragrâncias. Taylor esteve no evento, que aconteceu em Nova York, e comemorou a conquista, afirmando que "com *Wonderstruck*, nós realmente tentamos criar uma história para o perfume, tinha que ter um 'feeling', uma conexão com a letra da música". Ela descreve ainda o perfume como "uma fantasia, um devaneio, exatamente como é o seu aroma".

Wonderstruck Enchanted está disponível como *eau de parfum* em dois tamanhos (50 e 100 ml) ou em versão roll-on, loção para o corpo e kit com a coleção completa. Os produtos estão à venda no site oficial de Taylor.

TAYLOR BY TAYLOR SWIFT

Apesar de estar às voltas com a *Red Tour*, Taylor encontrou tempo para lançar, em junho de 2013, sua nova fragrância, novamente em parceria com Elizabeth Arden: *Taylor by*

Taylor Swift. O novo perfume, segundo ela, "é uma mistura de várias coisas. É doce, é sofisticado, é a minha maneira de traduzir o clássico ainda que moderno em um frasco de perfume". Para a cantora, cada fragrância reflete uma fase de sua vida e essa é para uma fase mais "adulta": "Meus dois primeiros perfumes eram sobre contos de fadas, mas esta nova fragrância é mais sobre meu próprio estilo. Então, eu queria que o nome fosse mais pessoal", disse.

O novo perfume possui como principais notas lichia, tangerina e pétalas de magnólia. Em segundo plano, notas de peônia, hortênsias e orquídeas de baunilha, com base de sândalo, néctar de damasco, casimira e mistura de madeiras. O frasco possui uma tampa dourada multicolorida, além de um anel com pérolas, joia favorita de Taylor. "As pérolas são um acessório que parece nunca sair de moda. Eu mantenho um colar na minha bolsa para quando precisar dar um toque na roupa que estou usando", afirmou. Na caixa, há redemoinhos coloridos para combinar com a tampa do frasco, além do número "13" estampado em dourado.

Para divulgar o perfume, foi produzido um comercial em que Taylor aparece se divertindo com seus amigos. O conceito foi pensado de acordo com o estilo da fragrância, inspirada no momento da cantora, sendo, portanto, bastante pessoal. Em um vídeo dos bastidores da gravação, Taylor ressalta que "uma das minhas coisas preferidas ao criar fragrâncias é criar algo do zero e transformá-lo em uma coisa que tem sua própia cara, seu próprio nome, seu próprio sentimento, seu próprio aroma, sua própria vibe. De certa forma, é um pouco como compor uma música. É começar do nada e acrescentar ideia após ideia, até lapidá-la e entender o que vai ser". A fragrância foi lançada nas lojas Ulta.

A linha *Taylor by Taylor Swift* está disponível como *eau de parfum* em dois tamanhos (50 e 100 ml) e versão roll-on. Há ainda *hair mist* (perfume para cabelo) e loção para o corpo. Os produtos podem ser adquiridos em lojas on-line como a Sephora.

KEDS TAYLOR SWIFT

Em outubro de 2012, a fabricante de calçados americana Keds anunciou uma longa parceria com Taylor Swift. A princípio, foi lançado um tênis vermelho exclusivo do modelo Champion, para comemorar o lançamento do álbum *Red*. Taylor comentou: "Eu estou tão empolgada com a parceria com a Keds. Eu sou fã da Keds há muitos anos, pois eles possuem dois elementos de grande estilo: são clássicos e simples. Eu me lembro de usar Keds quando criança enquanto andava de bicicleta pela fazenda. Quando fiquei mais velha, comecei a usá-los novamente. O legal nesses tênis é que você pode crescer junto com eles".

Para a primavera americana (outono no Brasil), foi lançada uma coleção de Keds com tema náutico. As estampas incluem óculos, âncoras e bolinhas. Fez tanto sucesso que uma nova coleção foi anunciada, desta vez para o outono americano (primavera no Brasil), com dezessete tipos de estampas, cores e acabamentos, inspirados no próprio estilo de Taylor, clássico e feminino. As cores variam entre vermelho, azul-marinho, vinho, cinza e preto. Há estampas de bolinhas, florais e formas de bolhas. Alguns pares têm rendas e lantejoulas, produzindo um toque feminino. A coleção conta ainda com uma medalhinha de prata em formato de coração com o '13' de Taylor ou uma antiga palheta de violão com o logo da cantora no centro. Sua assinatura vem estampada na palmilha.

Em maio, a Keds lançou no Brasil dois modelos da coleção de Taylor Swift: com estampa de óculos, nas cores vermelha e amarela, e com estampa de guitarra, na cor vermelha. O coração de prata ou a palheta acompanham os tênis. Os modelos podem ser adquiridos em diversas lojas de calçados pelo Brasil ou em lojas virtuais. Os demais Keds estão disponíveis no site oficial de Taylor.

ylor Swift arrasando, como
mpre, e se apresentando
ra uma multidão de mais
14 000 fãs em Nashville,
de tudo começou.

Larry Busacca/TAS/ Getty Images

NO BRASIL

A relação de Taylor Swift com o Brasil demorou um pouco para começar. Até seu segundo álbum, *Fearless*, que estourou nas paradas americanas e de vários outros países, a cantora era pouco conhecida por aqui. Em 2008, as principais notícias que falavam sobre Taylor apenas repercutiam seu namoro com Joe Jonas, do Jonas Brothers. Com o novo disco, bem como seus singles marcantes, principalmente "Love Story", ela foi descoberta, aos poucos, pelo público e pela mídia brasileiras. A partir de então, ganha fãs que lhe seguem fiéis até hoje.

Dois fatores foram muito significativos para que ela se tornasse mais conhecida pelo público do Brasil: o incidente com o rapper Kanye West no MTV Video Music Awards, em setembro de 2009, e as várias indicações ao Grammy Awards, que fizeram a procura da mídia e do público crescer bastante, por exemplo, no Google.

Com o disco *Speak Now*, Taylor se consolidou com um dos novos grandes nomes da música americana não apenas em sua terra natal, mas em países como Canadá, Austrália, Reino Unido e Japão. No Brasil, o álbum também fez sucesso, sendo o primeiro dela a receber a certificação de disco de ouro, por mais de 20 mil cópias vendidas, da Associação Brasileira de Produtores de Discos.

Taylor foi ganhando mais e mais fãs no Brasil entre 2010 e 2011, o que pode ser comprovado pelo grande número de seguidores nas redes sociais, originando assim mais um "fandom", termo que denomina os grupos de fanáticos por determinado grupo ou artista musical: os "Swifties", no caso de Taylor. Com o sucesso cada vez maior, surge no final de 2011 a primeira grande ligação de Taylor com o Brasil: a canção "Long Live".

A cantora mineira Paula Fernandes é um dos principais nomes do gênero country/sertanejo no Brasil, tendo vendido 1,6 milhão de cópias em 2011. No mês de dezembro, a Universal Music, que distribui os álbuns de Taylor no Brasil – e também é a gravadora de Paula –, criou um clima de mistério envolvendo a cantora americana. Alguns fãs chegaram a cogitar que ela viesse ao país para uma turnê. Dias depois, a Universal anunciou que Paula gravaria um dueto da música "Long Live", canção que já fazia parte do repertório de Taylor há mais de um ano, no álbum *Speak Now*.

Determinados trechos da música foram adaptados para o português na voz de Paula, o que incomodou alguns fãs de Taylor, que afirmaram também que a canção perdeu o nexo em sua nova versão. Paula e Taylor não se encontraram para gravar o dueto. Além da música, foi produzido ainda um videoclipe, mesclando cenas de Paula cantando a canção, inicialmente com os trechos em português, com cenas de Taylor interpretando a parte original. As imagens foram montadas de forma a passar a impressão de que Paula está no Brasil participando de uma apresentação de Taylor. O clipe foi divulgado no *Fantástico*, da Rede Globo, em 29 de janeiro de 2012.

Em 1º de março, a canção foi lançada no iTunes para download. Não demorou muito para chegar ao topo na loja digital, derrubando a cantora Adele, líder desde o lançamento oficial do iTunes no Brasil. Nas paradas, a canção também obteve bastante sucesso, chegando ao segundo lugar no Billboard Brasil Hot Pop e à nona posição no Billboard Brasil Hot 100.

"Long Live" ficou ainda por treze semanas como vice-líder do Top 100 das rádios brasileiras. Com a repercussão, a música foi selecionada para a trilha internacional da novela *Avenida Brasil*, da Globo, um dos principais fenômenos de audiência de 2012, sendo tema da personagem Débora, de Nathalia Dill. A versão de "Long Live" também foi incluída como faixa bônus exclusivamente para o Brasil no álbum *Speak Now: World Tour Live*. A divulgação da música incluiu até mesmo postagens no Facebook oficial de Taylor Swift em português, o que gerou grande expectativa para os fãs, que esperavam por uma passagem da cantora por aqui.

E a expectativa foi correspondida em 17 de agosto, quando a página da Universal Music publicou em seu Facebook uma imagem, citando o dia 13 de setembro e pedindo para que os fãs aguardassem por mais notícias. Tendo o número 13 e a cor vermelha em destaque, é claro que os fãs logo associaram a misteriosa publicação a Taylor. Por fim, no dia 20 de agosto, veio o anúncio: 13 de setembro seria o dia do primeiro show de Taylor Swift no Brasil, no Rio de Janeiro!

Mas ao mesmo tempo em que os Swifties recebiam com entusiasmo a notícia de que Taylor em pessoa viria para cá, veio a frustração. A apresentação não seria aberta ao público. Na verdade, tratava-se de um *showcase*, ou seja, um show promocional, exclusivo para a imprensa e para convidados especiais. Os fãs poderiam ver a artista somente se ganhassem promoções, que seriam realizadas pelas empresas patrocinadoras do evento, por rádios, sites e fã-clubes. Além disso, aconteceria apenas no Rio de Janeiro. Isso ocorreu porque a cantora estava prestes a lançar seu novo álbum, *Red*, e já tinha encerrado a *Speak Now World Tour*.

Taylor desembarcou no Brasil no dia 12 de setembro, no Aeroporto do Galeão, no Rio, pela manhã. Foi recepcionada por muitos fãs, que puderam tirar fotos com a cantora. Ela ainda falou com jornalistas ao chegar e depois seguiu para o Hotel Sofitel, em Copacabana, onde se hospedou. Nesse mesmo dia, ela tinha um compromisso na Rede Globo, onde gravou uma participação no programa *TV Xuxa*. Lá, cantou "We Are Never Ever Getting Back Together" e "Long Live" e respondeu a algumas perguntas de Xuxa. A cantora recebeu ainda alguns presentes, entre eles um cavaquinho e um livro de receitas típicas do Brasil. O programa, no entanto, foi ao ar apenas no especial de Dia das Crianças, ou seja, um mês depois da passagem da cantora pelo país. Comenta-se que o produtor de Taylor não queria que ela participasse do *TV Xuxa*, por ser um programa destinado a crianças e ela não é uma artista direcionada ao público infantil.

No dia seguinte, ela concedeu uma entrevista coletiva no hotel. Usando um vestido com tema florido e sapato coral, Taylor respondeu a perguntas dos jornalistas por onze minutos. Questionada sobre o que achou do Brasil, respondeu: "Estou surpresa com os fãs, são dedicados, ficam do lado de fora do hotel, gritando as músicas. Eu adoraria voltar aqui para uma turnê, porque os fãs são bem apaixonados e escandalosos, posso ver como eles se comportam do lado de fora do meu hotel. Estão acampados na porta desde que cheguei, gritando as letras de minhas músicas. Ser recebida dessa forma é muito bom". A respeito do Rio de Janeiro, comentou: "A cidade é linda. Eu amo as montanhas e tenho uma vista linda do mar do meu quarto, mas até agora só tive tempo para dormir". Sempre atenciosa com seus fãs, ela atendeu aqueles que se amontoavam do lado de fora do hotel antes de partir para o Citibank Hall, onde se apresentaria em seguida.

E à noite, chega o grande momento: o primeiro show de Taylor Swift no Brasil! Mais de mil pessoas estavam presentes no Citibank Hall, onde ocorreu a apresentação. Às 21h35, a banda de Taylor subiu ao palco, onde logo surgiu a atriz Marcella Ricca, que foi a *host* do evento. Ela se dirigiu ao público: "Vamos ver se o Brasil sabe cantar Taylor Swift!". Ricca deixou o palco, as luzes se apagaram e, de repente, lá estava Taylor, usando um vestido curto prateado, cantando a música "Sparks Fly" para imenso delírio dos Swifties presentes. Depois, com o microfone vermelho em mãos, declarou em português o que o público tanto esperava: "Eu amo o Brasil!". A reação dos fãs deixou a cantora impressionada. Seguiu-se então a música "You Belong with Me". Aí, em inglês, disse: "Olá, Rio. Esta é a minha primeira vez no Brasil. Que plateia linda! Eu sinto que vocês são legais. E eu estou muito feliz que vocês sejam!". Com banjo, apresentou "Mean", cantada de cabo a rabo pelos fãs, como todas as músicas. A seguir, veio "Love Story", e depois, sentada no centro de um sofá de três lugares, foi a vez de "Fifteen". A cantora falou mais uma vez com o público: "É incrível estar no Brasil e ver vocês, cara a cara. Isso é um tipo de surpresa para mim e eu adoro surpresas. Estar aqui, tocando minhas músicas no Brasil, eu amo isso!". A sexta música veio logo em seguida, "We Are Never Ever Getting Back Together", primeiro single de *Red*.

Por fim, chegou um dos momentos mais esperados: o dueto com Paula Fernandes. Taylor anunciou a mineira: "Agora, eu tenho muita, muita honra de anunciar uma incrível cantora brasileira, que quase não teve tempo livre para estar aqui hoje com a gente. E eu estou muito feliz por ela ter conseguido. Senhoras e senhores, com vocês, Paula Fernandes!". Ambas com violão, cantaram juntas pela primeira vez a música que gravaram sem se conhecer pessoalmente, alguns meses antes. Ao final da canção, de mãos dadas, elas agradeceram ao público e se despediram.

Passava de 22h20 quando Marcella Ricca voltou ao palco anunciando a segunda parte do evento: oito fãs puderam subir ao palco para fazer perguntas a Taylor Swift. Ela respondeu sobre como compõe suas músicas, o que o público poderia esperar de *Red* e disse que adoraria voltar ao Brasil para um novo, maior e melhor show. Ao final, ela recebeu uma camiseta da seleção brasileira com o número 13 nas costas. Taylor então foi à beira do palco e se despediu, fechando uma noite perfeita para os Swifties que puderam acompanhar o evento.

A estudante Julia Melo Pereira, de dezessete anos, saiu de Fortaleza (CE) para assistir o show de Taylor no Rio. Em 2011, ela já tinha conferido uma apresentação da cantora em Nova Jersey, nos Estados Unidos. Quando soube que ela viria ao Brasil, ficou revoltada ao saber que só poucos fãs teriam acesso ao evento, por meio de promoções. Julia se considerava o tipo de pessoa que nunca ganha uma promoção, mas arriscou assim mesmo. Com sua melhor amiga, Tati, ela participou de um concurso do site SwiftBr, que consistia em fazer uma paródia em inglês ou português de "We Are Never Ever Getting Back Together". Ela conta: "Nós já escrevíamos músicas em inglês juntas. Tivemos a ideia de mesclar elementos de diferentes músicas da Taylor e contar uma história sobre ela na paródia". "Não estudamos por uma semana. Sentávamos nas últimas fileiras e escrevíamos a letra escondidas dos professores".

Com a música pronta, elas gravaram um vídeo, como parte do concurso. O vídeo foi enviado, e veio a tortura pela espera do resultado, que foi publicado depois de alguns dias no site. "Decidimos olhar juntas, ao mesmo tempo. Estava com ela no telefone esperando a página carregar e ela começou a gritar e me largou na linha. Comecei a chorar porque não achava o nosso nome na lista, mal lembrava como ler de tanto nervosismo", afirma. "Quando ela finalmente voltou, disse que tínhamos sido primeiro lugar e foi quando vi finalmente nosso nome na lista. Comecei a chorar". De última hora, elas compraram as passagens e reservaram um hotel próximo do Citibank Hall. No dia 13, foram do aeroporto direto para o local do show retirar os ingressos, o que representou para elas uma alegria inexplicável. Cearenses, acabaram passando frio no dia. Depois de uma longa espera, entraram no espaço e conseguiram um lugar na grade. "O show foi espetacular. Muito mais do que eu esperava. Taylor estava linda como sempre. E ouvi-la falar: 'Eu amo o Brasil' foi incrível. Fiquei completamente sem voz. Os fãs brasileiros são os melhores", completa Julia.

LatinContent/STR/Getty Images

Taylor no Rio de Janeiro, em 2012, cantando um dueto da música "Long Live" com a cantora Paula Fernandes.

A cantora permaneceu no Brasil por apenas mais um dia, concedendo entrevistas para vários programas de televisão e a outros veículos de comunicação, entre eles a revista *Capricho*, que publicou um vídeo de pouco mais de três minutos com Taylor. Na MTV, o programa *Acesso MTV* exibiu uma entrevista, bem como o *Pop Up*, da *MixTV*, além do *Mais Você*, de Ana Maria Braga, da Rede Globo. Na ocasião, Taylor recebeu o jornalista Bruno Astuto que, no fim do papo, entregou à cantora alguns presentes: um gato de pelúcia, para matar as saudades de Meredith; livros de receita de Ana Maria; um boneco do Louro José; e uma caixinha de brigadeiro.

O programa *Legendários*, da Rede Record, também conversou com Taylor. Marcos Mion, apresentador do programa humorístico, fez várias perguntas sobre sua vida e carreira. Muitos fãs consideram essa a melhor entrevista da artista durante sua passagem pelo Brasil. No papo, ela destacou o fato de que muitos de seus fãs brasileiros não sabem inglês e, ainda assim, cantam suas músicas de cabo a rabo. A apresentadora Eliana, do SBT, conversou não apenas com Taylor, mas também com Paula Fernandes. Eliana questionou a cantora sobre *Red*, sobre moda, pediu que ela comentasse algumas fotos selecionadas e, com Paula, fez um pingue-pongue. No fim da entrevista, a apresentadora deu um cavaquinho de presente para Taylor e pediu que ela e Paula autografassem um violão, que foi leiloado em novembro pelo Teleton, em favor da AACD (Associação de Assistência à Criança Deficiente).

Taylor citou o Brasil em algumas postagens no Twitter, durante e depois de sua estada no país. Em 13 de setembro, tuítou apenas: "I love Brazil", mensagem que já foi retuítada mais de 34,7 mil vezes. No dia 15, postou um vídeo curto mostrando a saída do hotel, antes de ir para o show, com a legenda: "The Wonderful Fans Outside My Hotel In Rio" (Os maravilhosos fãs do lado de fora de meu hotel no Rio). No dia 17, quando já estava nos Estados Unidos, ela publicou uma foto que tirou na sacada do hotel. De costas, com vista para o mar, a foto traz a legenda: "Dia chuvoso. Saudades do Brasil". Logo depois disso, os fãs subiram nos Trending Topics do Twitter a tag "Brazil Misses Taylor". Nesse mesmo dia, foram publicadas na *fanpage* da cantora no Facebook dezesseis fotos do dia do show, no hotel ou no Citibank Hall. Em duas delas, está o estudante de economia Jefferson Souza, de Manaus. Ele comenta sobre como se sentiu quando viu a foto na página de Taylor: "Eu fiquei superfeliz! A minha foto é uma segurando a camisa da seleção brasileira com o número 13 e escrito 'Swift'. Ela recebeu essa camisa no palco, acho que ela gostou tanto que decidiu publicar na página oficial dela. Às vezes penso se realmente é real, quase sempre vou na página ver se a foto ainda está lá. Quando vi a foto, estava no trabalho e comecei a chorar de emoção. Ainda bem que ninguém viu".

O Brasil segue nos planos e desejos de Taylor. Em julho de 2013, a cantora concedeu uma entrevista ao *Fantástico*, da Rede Globo. Ela afirmou que os fãs marcaram muito sua vinda ao país e que gostaria de voltar e passar mais tempo por aqui, para conhecer as atrações turísticas. Disse também que deseja que a *Red Tour* venha ao Brasil ainda em 2013, que isso está em sua agenda particular, mas que depende da agenda "verdadeira" para se concretizar. Considerando que *Red* já vendeu mais de 40 mil cópias no país – recebendo assim um disco de platina –, o sonho de ver uma turnê de Taylor no Brasil não é impossível, sem contar que as apresentações devem se estender até 2014 e passar por outros lugares além dos Estados Unidos e Oceania.

O número de fãs de Taylor no Brasil está crescendo e assim deve continuar pelos próximos anos. A cantora já é um nome consolidado também por aqui. O que todos nós esperamos é uma turnê para celebrar em grande estilo essa paixão que só aumenta. Brazil loves Taylor! We want Taylor in Brazil!

NBC via Getty Images

Taylor, sempre doce e atenciosa com os fãs, cantando com uma das finalistas do concurso *America's got talent* em 2007.

FÃS

Muitos artistas da música, do cinema, da televisão e de outros tantos ramos do showbiz mantém uma distância considerável de seus fãs. Sempre cercados por muitos seguranças, esses artistas têm pouco contato com os fanáticos e, quando o fazem, é por meio de promoções ou apenas pelas redes sociais. Da mesma forma, a consideração com a qual os fãs pensam e querem, em muitos casos, é pequena. Não são raras as polêmicas que envolvem algumas celebridades e que comprometem a imagem destas não só para todo o público, mas também para seu círculo de fanáticos. Definitivamente, esse não é o caso de Taylor Swift.

A cantora sempre teve um cuidado especial no trato com seus Swifties, que a acompanham de maneira fiel há bastante tempo por onde quer que ela passe, nas suas turnês, votando em premiações como o VMA, ou apenas seguindo, retuítando, compartilhando conteúdo de Taylor nas redes sociais, defendendo-a e também difundido sua música, seu estilo, suas fotos e tudo aquilo que ela produz.

Desde que começou sua carreira, Taylor sempre teve o comando direto das decisões que norteavam seus passos, o que inclui os seus álbuns, suas turnês e até mesmo o conteúdo gráfico dos discos. Enquanto a maioria dos artistas prefere terceirizar a gestão de suas carreiras com empresas particulares, ela criou a própria companhia para planejar e decidir tudo a seu respeito. Ela sabe muito bem o quanto os fãs foram e são importantes para seu sucesso em todo o mundo e, por isso, está sempre em contato com eles, assim como os considera em momentos cruciais, como o planejamento da turnê, desde os telões até a proximidade com o público no palco.

Um desses exemplos é a forma como foi pensada a *Fearless Tour*, conforme mostrado no documentário *Journey to Fearless*. O design dos cenários do palco incluía vários telões, de maneira que todos os fãs pudessem acompanhar o show igualmente. Nessa turnê, a cantora fez algo inusitado para surpreender os fãs. Em um determinado momento, ela deixou o palco principal e cruzou a arena onde o show acontecia, dirigindo-se para o fundo da plateia. Ela comentou: "É bom trazer o show para perto deles [dos fãs], tipo alguns centímetros de distância". Em um espaço completamente inusitado, ela cantou "Hey Stephen", cercada por seus fãs, a literalmente centímetros de distância. Depois de cantar um pouco, a música prosseguiu apenas com a bateria de Al Wilson e o baixo de Amos Heller. A cantora entregou seu violão para um membro de seu *staff* e simplesmente começou a atravessar um corredor, abraçando as pessoas. Sua mãe, Andrea, afirmou: "Eu acho que ir para o meio da plateia é uma coisa que ela precisa fazer para sentir aquela conexão com o público, acho que é difícil para ela apenas ficar no palco". Essa é, para Taylor, sua parte preferida na noite. A cantora abraça, beija, agradece aos fãs por estarem ali. Depois de passar pela plateia, ela chega ao B-Stage, ou seja, o Palco B, onde faz a parte acústica do show. "Os melhores lugares do show são aqueles considerados os piores", diz ela.

Ao ir para o fundo em meio aos fãs, ela lhes proporcionava uma proximidade rara de se encontrar em qualquer artista. Mas ainda era pouco e Taylor quis proporcionar algo mais a seus fãs. À época da *Fearless Tour*, comentou: "Todos os dias a multidão me dá tanto que eu devo dar alguma coisa em troca. Essa turnê foi possível graças às coisas que os fãs fizeram por mim nos últimos anos. Então, eu queria que as coisas divertidas que eles fazem tivessem algum retorno para eles, um benefício para esses fãs". Foi aí que surgiram as chamadas "T-Parties". A T-Party é um espaço nos bastidores do show para onde vão diversos fãs que são selecionados durante a apresentação, pela produção de Taylor. Os fãs escolhidos são aqueles que mais se destacam no dia, por estarem vestidos de uma maneira surpreendente, pelos cartazes ou simplesmente por terem cantado e gritado durante todo o show as músicas da cantora. São pessoas selecionadas aleatoriamente e presenteadas com uma pulseira que dá acesso à T-Party, que funciona como um *Meet & Greet*. Os sortudos podem comer, beber, divertir-se jogando pingue-pongue, assistindo TV, em um espaço bastante confortável em que se sintam à vontade. Depois de um tempo, Taylor surge na festa, para tirar fotos, abraçar, conversar com os fãs e autografar CDs e camisetas. "A T-Party é um jeito de conhecer pessoas que durante o show eu me apaixonei. E eu fico tão grata por tê-las ao meu lado, e a festa me dá a oportunidade de lhes dizer isso e lhes dar um abraço. Isso realmente me faz sentir bem toda noite", conta ela.

Tanto o contato próximo de Taylor com o público quanto as T-Parties continuam acontecendo em seus shows. Na *Red Tour*, ela canta "Sparks Fly" e vai para o meio do público, apertando as mãos de fãs que chegam perto das grades, enquanto Taylor passa cantando a música do álbum *Speak Now*. A T-Party mudou de nome na *Red Tour*, sendo agora chamada de "Club Red", com decoração predominantemente vermelha.

Essa proximidade de Taylor com os fãs a leva a fazer coisas inusitadas. Em 2010, durante a divulgação de *Speak Now*, ela teve que voar de Nova York a Los Angeles e decidiu fazer "algo diferente e divertido": convidou alguns fãs para viajarem com ela no avião, onde respondeu às perguntas. Depois, presenteou cada fã com um violão autografado. Ainda em Los Angeles, Taylor fez uma rápida apresentação surpresa sobre um ônibus em plena Hollywood Boulevard. Acompanhada de sua banda e com uma grande plateia na rua, nas varandas, nas janelas dos prédios, ela cantou "Long Live". De graça. Na rua, em Los Angeles. Certa vez, ao sair de seu hotel em Londres, Taylor comprou onze pizzas para os fãs que a aguardavam na porta. Este, aliás, é outro aspecto interessante da cantora: sempre que pode, ela mima seus Swifties por onde quer que passe, seja no aeroporto ou hotel. Tira fotos com eles, cumprimenta-os, abraça-os.

Com Taylor, sonhos podem se tornar realidade. Principalmente sonhos de fãs muito especiais. Foi o que aconteceu com alguns jovens fanáticos pela cantora, que puderam conhecê-la ou assistir a um de seus shows.

Kayla Kincannon se tornou notícia em dezembro de 2012, quando seus amigos fizeram uma campanha nas redes sociais para que ela conhecesse Taylor Swift, de quem é uma fã de carteirinha. A jovem, de dezessete anos, foi diagnosticada com um tumor no cérebro, que os médicos disseram ter curado. Porém, dias antes do Natal, um segundo tumor foi descoberto. Amigos e colegas de classe abraçaram então a luta para que o sonho de Kayla se tornasse realidade. Através da hashtag #OperationGetKaylaToMeetTaylorSwift (Operação levar Kayla para conhecer Taylor Swift) e de uma página no Facebook, eles conseguiram chamar a atenção da cantora, que foi ao encontro de Kayla, em Memphis, no Tennessee. Em 19 de janeiro de 2013, a garota e sua família foram levadas até Nashville para um almoço de duas horas.

Em fevereiro, a história de Lauren Hacker, conhecida como Lolo, de dez anos, comoveu fãs de todo o mundo. Ela ganhou de presente de natal um par de ingressos para o show de Taylor, em Omaha, no mês de março. Porém, algumas semanas antes, Lauren descobriu que tinha leucemia mieloide aguda, um dos tipos mais comuns de câncer no sangue. Lolo teve então que passar por sessões de quimioterapia e outros tratamentos severos para ficar curada, obrigando-a a ficar internada até junho, o que impossibilitaria que ela fosse ao show de Taylor. Sua família então contou a história de Lolo em um vídeo no YouTube. Ellie e Sydney, amigas da menina, realizaram outro vídeo, adaptando a música "You Belong with Me", pedindo que Taylor fosse conhecer Lolo. Os Swifties aderiram à campanha no Twitter, através da hashtag #BringTaylorToLolo (Traga Taylor até Lolo). Então, no mês de março, prestes a iniciar a *Red Tour*, Taylor foi ao hospital visitar Lauren, onde conversou com a garota, tirou fotos e deu autógrafos.

Em abril, a jovem Alex Ramos, de quinze anos, pode conferir um show de Taylor Swift. Mas ela não era uma garota qualquer. Diagnosticada com câncer ósseo, a adolescente de Orlando tinha poucas chances de sobreviver, mas o tratamento lhe ajudou muito. Seu sonho era conhecer a artista, mas nunca teve condições. Depois de muito pedir, sua mãe, Tricia Ott, tentou conseguir ingressos para a apresentação que aconteceria na cidade, mas eles já estavam esgotados. Tricia insistiu e encontrou a organização Friends Are By Your Side, que reúne salões de beleza famosos, com o propósito de resgatar a confiança de mulheres vítimas de câncer. Ela entrou em contato com a entidade para realizar o sonho de sua filha. E conseguiu! Alex teve um dia de realeza com suas três melhores amigas, limusine e ingressos para o show de Taylor, com a companhia de sua mãe. A garota disse: "Quando algo assim acontece... eu sou capaz de olhar para trás e tornar tudo mais fácil".

Um dos principais motivos para essa proximidade dos fãs com Taylor é o fato de que suas músicas encontram uma forte identificação com histórias de jovens de qualquer lugar. Ela não tem medo de contar sua própria vida por meio de suas canções, o que dá um aspecto muito pessoal a cada música e faz com que muitos jovens, principalmente meninas, identifiquem-se com as letras em diferentes momentos de suas vidas, como ao encontrar um novo amor, a desilusão por uma paixão que não deu certo ou simplesmente não dar mais a mínima para um cara.

A analista de sistemas Carolina de Almeida Pereira, de dezoito anos, apaixonou-se pelas músicas de Taylor ao conhecer "Love Story", quando começou a fazer aulas de violão, em 2009. "Meu professor sempre trazia músicas novas para eu aprender. Uma vez, ele trouxe 'Love Story' e eu realmente gostei da letra e da melodia, principalmente por aquela música se encaixar na minha vida. Fiquei viciada". Carolina destaca na obra de Taylor a facilidade de transmitir o turbilhão de emoções que tanto a cantora como suas fãs sentem. "Essa compatibilidade passa a ser uma solidariedade de sentimentos, de modo que ela se torne presente em nossos momentos mais profundos e sirva como um apoio. É como pensar: 'Ei, ela também já passou por isso e superou. Eu também posso e vou superar!'".

A estudante Julia Melo Pereira, dezessete anos, considera as músicas pop atuais "muito impessoais, sem história e sentimentos". Assim como aconteceu a Carolina, seu primeiro contato com Taylor foi com "Love Story". Conta ela: "Quando ouvi, me apaixonei, me identifiquei. Ela canta sobre suas experiências de vida que a maioria dos jovens conhece e por isso é tão fácil se identificar com ela". A relação de Taylor com as fãs por meio da música é explicada por Julia: "Quando você escuta ela falar, parece que ela poderia ser sua melhor amiga. Ela é simples, pé no chão e dá os melhores conselhos. Parece que ela te entende quando ninguém mais ao seu redor parece entender. Ela faz você se sentir especial".

Exemplos de músicas que falam desses momentos não faltam. Pode-se citar "Fifteen" e a ressonância que ela encontra nas garotas que entram para uma nova fase de suas vidas no ensino médio, convivendo com as novas experiências, o contato com novas pessoas e amores. Ou então "Our Song", em que um casal de namorados não tem uma música para os dois e que essa canção pode ser simplesmente o "barulho da porta batendo", "quando nós estamos no telefone e você falando bem baixo", "é a maneira como você ri". Há também "The Best Day", perfeita para os filhos declararem seu amor aos pais.

Todo Swiftie sabe: cada música de Taylor é perfeita para um momento específico.

Carolina, Jefferson e Julia têm boas histórias para contar envolvendo sua paixão por Taylor Swift. Fãs de longa data já fizeram loucuras para estar perto da cantora.

A carioca Carolina Pereira, que você conheceu antes, passou por um grande momento de sua vida em 2012, quando Taylor esteve no Brasil. No dia em que a cantora chegou ao país, Carolina simplesmente "fugiu" da aula – era o segundo dia no colégio depois de uma greve. Com adrenalina lá no alto, ela pegou dois ônibus e foi até o Aeroporto do Galeão esperar a chegada da artista. No local, encontrou seus amigos, fãs de Taylor, que se dividiram no local, cada grupo em um portão diferente. Por sorte, ela foi parar no portão certo. Coração na boca, eis que Taylor Swift aparece no aeroporto e Carolina vai até ela. "Eu surtei de uma maneira muito estranha. Tentava falar alguma coisa, mas nada saía da minha boca. Eu chorava muito! Tinham umas meninas na minha frente, tirando foto. Corri, entrei pelo meio dos seguranças e cheguei na frente dela", conta. "A única coisa que consegui dizer foi: 'Hey, can I take a picture with you?' (posso tirar uma foto com você?). Ela carinhosamente respondeu: 'Claro!'. Nós tiramos a foto e eu, chorando, disse: 'I love you so much'. Pra minha surpresa, ela respondeu: 'Me too'. Ela continuou andando e eu fiquei parada, chorando e muito feliz por ter o melhor ídolo do mundo. Foi simplesmente mágico!". No dia seguinte, ela foi ao show de Taylor no Rio de Janeiro. Já no outro dia, foi para a porta do hotel. Esperou muito, mas logo veio a recompensa: "Como nenhum outro artista, ela montou um esquema de segurança para poder falar com seus fãs. Dessa vez, além de um quase abraço, consegui um autógrafo, uma foto e cinco palhetas oficiais com a mãe dela, que é um amor de pessoa", relembra. "Essa foi a melhor semana da minha vida. Não me arrependo de nada. Tive toda a certeza de que Taylor merece esse carinho que nós, fãs, damos a ela".

Jefferson Souza, de Manaus, divide suas atenções entre o trabalho em um banco, os estudos na faculdade de economia, e a administração do site Swift World, uma das principais páginas brasileiras dedicadas a Taylor Swift. O site surgiu em dezembro de 2012. Depois do show no Rio de Janeiro, ele decidiu se dedicar a ajudar os fãs da cantora. A página começou com oito pessoas e atualmente conta com dez Swifties na equipe, que postam diariamente notícias relacionadas à Taylor, fazem cobertura ao vivo de shows e eventos com a sua participação. Em média, o site registra de 1.000 a 1.500 acessos diários. Souza descobriu Taylor depois do lançamento de "Love Story". Quando foi lançado *Speak Now*, ele se rendeu à cantora e virou um Swiftie. Jefferson esteve em duas de suas apresentações. A primeira, no Rio de Janeiro. "Faltei ao trabalho para estar lá, peguei um avião de Manaus até o Rio, fui na cara e na coragem, isso fez o show ficar ainda mais especial", conta. Em abril de 2013, ele foi a Miami, nos Estados Unidos, onde assistiu a um show da *Red Tour*, e teve a oportunidade de conhecer Andrea, mãe de Taylor. "Assistir ao show dela é como realizar um sonho. Quando você vê aquela garota supertalentosa na TV, você logo quer ver se tudo isso é real, se ela realmente toca e canta como no vídeo. Quando você percebe que isso tudo é real, parece que seus pés não estão no chão", conclui.

Julia Melo, estudante cearense, foi a cinco shows da cantora, quatro deles nos Estados Unidos. O primeiro foi durante a *Speak Now World Tour*, em Newark. Julia viajou com sua mãe, sua melhor amiga à época, Bianca, e a mãe e a irmã desta. Do Brasil, levaram cartazes e blusas com mais de trezentas lantejoulas, coladas uma a uma, o que exigiu muito cuidado no avião para não estragar. Em Jersey, encontrou duas amigas americanas, Chelsea e Kara, que fez o Taylor Connect, uma plataforma no site de Taylor que permite o contato entre fãs de todo o mundo. Do lado de fora do Prudential Center, onde aconteceu a apresentação, enfrentou o forte calor para ver Taylor chegar, conheceu o guitarrista da The Agency, Paul Sidoti, e ainda encontrou uma brasileira que trabalhava com a artista, que não acreditou na longa viagem que elas fizeram para ver o show. Já dentro da arena, Julia desabou quando começou o espetáculo, com "Sparks Fly". "Comecei a chorar porque não acreditava na minha sorte de estar lá. Poucos tiveram a mesma oportunidade", diz.

Depois da música, a brasileira que tinham conhecido veio conversar com elas e disse que Andrea Swift queria falar com as garotas. "Fiquei louca. Descemos até a área de som e a Andrea veio falar com a gente. Foi um doce de pessoa. Agradeceu nossa presença, nos abraçou. Eu não conseguia falar nada, não parava de chorar". Mas o melhor estava por vir. Depois disso, elas ficaram na área vip onde fica o B-Stage. Enquanto Taylor cantava nesse palco, Julia estava há apenas dois passos dela. Elas dançaram, coreografaram e então, quando terminou o show nesse espaço, Taylor desceu e abraçou a todos que estavam ali, inclusive Julia e sua amiga. "Eu nunca vou esquecer do que senti quando a vi caminhando em nossa direção. Sempre pensei como seria e o que diria quando conhecesse a Taylor, mas na hora deu um branco, como se eu tivesse entrado em pane", conta. "Ela veio e nos deu um abraço rápido e continuou o caminho abraçando outros fãs. Assim que ela nos abraçou e foi embora eu acho que passei mais dois segundos sem reação. Lembro de ter olhado para minha amiga como reflexo e quando nos olhamos tudo voltou ao normal. Gritamos, choramos e pulamos de alegria ainda sem acreditar", afirma.

As demais apresentações que Julia conferiu foram o showcase no Rio de Janeiro, em 2012, e três shows seguidos novamente em Newark, em março de 2013. Nessa oportunidade, ela levou uma bandeira metade brasileira, metade americana, com a frase "Taylor connects us all", além de um *scrapbook* com depoimentos de pessoas ao redor do mundo sobre como cada música de Taylor foi importante em suas vidas. Julia conseguiu entregar os presentes a Andrea Swift e ao produtor Scott Borchetta.

E qual a importância de Taylor Swift hoje para os três?

Hoje, quando penso nela, penso em Amor. Com "A" maiúsculo, porque é um sentimento puro. E é isso que ela significa para mim: um amor puro que de uma forma ou de outra estará sempre comigo me confortando. Como ela disse: nós, fãs, somos o maior e melhor relacionamento que ela já teve. Para mim, esse relacionamento nunca vai acabar.

Carolina de Almeida Pereira

Quando eu entreguei a camisa da Seleção Brasileira para ela no show do Rio, eu escrevi uma carta em que dizia: "Você é minha melhor amiga". Acho que ela leu. A Taylor tem pelo menos uma canção para cada fase da sua vida. É como se ela abrisse um diário, lesse e, a partir de lá, escrevesse uma canção. O fato de ela ser assim, tão próxima dos fãs, faz com que a gente se sinta querido por alguém. Não importa o meu humor, sempre haverá uma canção da Taylor para aquele momento, ela sempre me ajuda muito.

Jefferson Souza

Hoje, a Taylor é para mim mais do que um ídolo. Mais do que uma cantora ou uma fase. Só quem é fã entende. É como se ela fosse uma melhor amiga, uma irmã. Ela te dá conselhos e compartilha cada momento da minha vida de uma forma indireta, através das músicas. É como se as músicas fossem a trilha sonora da minha vida, tem uma para cada momento, cada conquista, e eu sinto como se nunca estivesse sozinha, como se ela estivesse sempre comigo mesmo estando em outro hemisfério. E eu sei que quando eu tiver um dia ruim, sofrer uma desilusão ou alcançar um sonho, ela vai ter uma música e eu poderei me apoiar nisso. A música não se torna apenas um lazer, mas parte da minha vida. Ela é um modelo a ser seguido.

Julia Melo Pereira

ylor se apresentando no
0th American Music Awards.

Christopher Polk/AMA2012/Getty Images

FOREVER & ALWAYS

No momento, Taylor Swift segue no auge de sua carreira como cantora. Seus álbuns continuam vendendo sem parar, suas músicas permanecem nas paradas, atingindo recorde após recorde, e seus shows na *Red Tour* seguem lotando arenas e estádios. Ainda na casa dos vinte anos, Taylor atingiu um *status* que poucos conseguem na carreira musical, possuindo absoluto controle sobre sua carreira, muitos fãs apaixonados, além de respaldo da crítica, que não cansa de elogiar cada novo trabalho que ela produz.

Para os próximos anos, ela deve prosseguir incansável como é agora, lançando novos álbuns sempre muito pessoais, inspirando jovens de todo o planeta, além de sair em turnês que sempre contam com uma ou mais surpresas. A cantora já está trabalhando em seu novo álbum, cujo lançamento especula-se que seja em 2014, ano em que também há uma boa possibilidade de que a artista venha para o Brasil se apresentar em mais shows, dessa vez abertos ao público, fiel a ela.

Público este que, dia após dia, continua apaixonado por Taylor, um exemplo para a atual geração de garotas e garotos. Talentosa, educada, realista sem jamais deixar de sonhar, bela, distante das polêmicas, sempre próxima daqueles que lhe querem bem, os seus fãs. E é em nome deles que este livro se encerra, declarando: muito obrigado por tudo, Taylor! Estaremos com você, *forever & always*!

O convidado especial Hunter Hayes se junta à Taylor no palco no fim da turnê do disco *Red* em Nashville, em 2013.

Larry Busacca/TAS/ Getty Images